软装谈单宝典

公开签单高手
不愿透露的读心术

揭示被忽视的
谈单真相

龙涛 **编著** ／ 易配者软装学院 易配大师网 **策划**

江苏人民出版社

图书在版编目（CIP）数据

软装谈单宝典 / 龙涛编著. -- 南京 ： 江苏人民出
版社，2020.7
ISBN 978-7-214-25061-2

Ⅰ．①软… Ⅱ．①龙… Ⅲ．①室内装饰设计－市场营
销学 Ⅳ．①F407.915

中国版本图书馆CIP数据核字(2020)第108983号

书　　　　名	软装谈单宝典	
编 著 者	龙　涛	
项 目 策 划	凤凰空间／翟永梅	
责 任 编 辑	刘　焱	
特 约 编 辑	翟永梅　都　健	
出 版 发 行	江苏人民出版社	
出版社地址	南京市湖南路1号A楼，邮编：210009	
出版社网址	http://www.jspph.com	
总 经 销	天津凤凰空间文化传媒有限公司	
总经销网址	http://www.ifengspace.cn	
印　　　刷	河北京平诚乾印刷有限公司	
开　　　本	710 mm×1000 mm　1/16	
印　　　张	11	
版　　　次	2020年7月第1版　2020年7月第1次印刷	
标 准 书 号	ISBN 978-7-214-25061-2	
定　　　价	58.00元	

（江苏人民出版社图书凡印装错误可向承印厂调换）

前言 | 让你成为谈单高手

无论你是多年从事设计的设计师，还是新入行的设计师；也不管你是多年从事装饰行业的相关销售人员，还是新入行的销售人员，本书都将颠覆你的谈单观，从3大思维模式出发教你系统、有效、快速地与客户成交。

请你带着下面 3 个问题，看完这本书。

（1）谈单需要设计流程吗？

（2）谈单成交的方法是什么？

（3）如何才能让客户顺利付款？

其实，谈单就是心理学。很多时候，我们谈不下客户，根源在于没有精准把握客户心理，说不到客户的心坎里去，满足不了客户内心的深层需求。

在做生意、谈单过程中与客户达成交易，最重要的是了解人性的规律和本质，只有如此，才能在最短时间内掌握销售谈单的核心规律和技巧，实现快速成交。

很多人经常问我："龙老师，你能不能教我几招快速签单的技巧？"我说："没有。"

因为技巧是一种照搬的行为，它无法提升你的实际能力。虽然掌握些技巧有一定作用，但是你不可能学几招解决一切问题。只有把握了人的心理，你才会在遇到不同的客户时，变通出不同的技巧去应对。

其实，所谓高层级的谈单都是卖感觉、卖自己（你的观念和人品），而不是一味地卖产品、卖服务。所以我把复杂的事情简单化，把谈单简化为 3 大布局，只要在这 3 大布局体系下谈单、掌握人性的特点，就能让你轻松地与不同的客户成交。

从前，我曾经走过无数的弯路。这 3 大布局是我花了 10 年的时间，总结无数的谈单经验得出的系统谈单布局思维。而且我一直在用，效果非常不错。

现在你不用再像我一样花那么多的时间、精力、金钱去走弯路，直接把我的经验拿过去用就行了。所以你一定要用心去学，揣摩谈单的本质，并加以运用。如果你把这 3 大布局的人性原理参透了，就几乎没什么销售和谈单问题破解不了了。

作为软装行业的引领者，我为了帮助更多的设计师和销售人员谈单，让更多同行少走弯路，分享这些经验。不要只是把本书当成一个简单的谈单思维介绍，而应将其当作一套谈单成交策划工具来看待。有了这些思路，接下来就要看具体的实践了。

根据对软装行业多年的整体运营，以及对谈单、签单的研究总结，高效的谈单成交绝对不是依靠一套单纯的销售话术，而是通过**设定目标、流程、行为、语言、道具、画面、触觉、情绪、思维逻辑、联想、行动**等感性因素和理性因素，最终达成交易。

现在，请你先把以前的所有方法都丢到一旁，严格要求自己静下心来"闭关修炼"一个月，根据本书提供的思路，结合你的行业和你所从事的具体工作，去思考、运用。这样才能更快地掌握，让自己成为一个谈单、签单专家。

接下来，我们一起进入精彩的、适合设计师、装饰行业相关从业者使用的**"软装谈单成交术的签单世界"**。

注意：你必须结合实际工作去思考、运用，而不能只是空想。

温馨提示：为了方便理解，本书每一章的每一小节都配有讲解视频，关注下方公众号，即可获取更多配套视频教程。

扫描二维码，关注微信公众号

编著者

2020 年 6 月

目 录

1

谈单成交必备的
3 大思维

一 软装谈单必知的 3 大布局

无论是哪种销售谈单理念或者技巧方法，也无论是哪个行业，销售人员都是运用以下 3 大布局系统，来达到成交的目的。

如果你能把这 3 大布局系统参透，就不必再浪费太多的精力和时间学习其他的谈单销售知识。你可以从以下 3 大布局系统中找到适合你所从事职业的某个点，布局你的谈单成交系统。

信任布局系统
（与客户建立信任关系）

认知改变布局系统　　　　欲望布局系统
（改变对方的思想观念）　　（激发对方的购买欲望）

下面具体介绍软装谈单 3 大布局系统。

第一布局系统：信任布局系统。第一时间与客户建立信任关系，让客户信任我们。

第二布局系统：认知改变布局系统。改变客户传统观念，颠覆客户传统认知，树立你的专家地位。

第三布局系统：欲望布局系统。任何谈单都以成交为目的，激发客户的购买欲望是最为关键的环节，也是最能促成成交的环节。

软装谈单必备的能量格局观

有人的地方，就一定有沟通交流；有沟通交流，就一定有一种能量的传递。你的每句话、每个动作都会以能量的方式传递给对方。

当你的能量高于对方的时候，你就取得了主动权，反之则处于被动的位置。我们平时所说的气场，其实就是能量的表现。

举个例子，你去谈单，如果这个客户是经过朋友介绍的，并且朋友已经把你称赞了一番，客户对你已经有了一定认知，这个单就很容易谈成。如果是一个陌生的客户，你去谈单的时候，他就可能对你心存疑虑，或并不重视。

其实，能量的转换有 3 个层面。

1. 认知层面

你要学会快速判断别人对你的认知变化。如果客户对你的认知不够，你就想办法提高客户对你的认知，给对方注入你的价值。

2. 利用层面

当别人用他的框架跟你谈判的时候，你仅仅意识到这个框架是不够的，还要学会跳出来，变被动为主动，去引导对方，不要做一个被操控者。

比如，很多时候，我们会陷入跟客户的一问一答中，这时你就会被客户的思路牵着走，总是试图证明给客户看，越是这样，你和客户就越难成交，或者会拉长成交周期。

3. 导向层面

当认知层面已经达到一定程度时，接下来就要从导向层面去引导客户，引导他们走入你塑造的情境，从而实现成交。

其实，任何成交过程都离不开这 3 个层面。也许你以前在谈单时比较随意，心里没有能量格局的概念，但是，今天看完这本书以后，我希望你在与任何人谈判的时候，都要学会运用这 3 个层面去实现谈单成交的过程。

也许在此之前，你并没有注意能量观的问题。但是，我们身边的每一件事情都是能量的转换过程，希望你能仔细品味。

比如，一个客户叫你去量房，你当即就去了。这样你的能量是不是就低了？但是当你具备能量格局思想以后，不需要马上去完成他告诉你的事情，而是学会反向引导他。你可以先说："可以的，那么请问你这套房着急装修吗？"这样，你就可以反过来引导客户，从与客户的谈判中理解他的需求（而且很多时候，客户会找很多设计公司的设计师去做，你直接答应了也没有意义）。

请你从现在开始，养成能量转换的谈单观，不要被客户牵着鼻子走，要学会引导别人。只有这样才能让你变得有价值。

更多具体的实战运用方法，我会在后面的章节中分享。

三 成功签单必备的正向思维

很多人说：佛度众生，帮助他们远离苦难。却很少有人知道佛陀度的其实是每个人的认知。什么意思呢？

也就是说，佛教或者其他宗教，它们帮助人并非是直接给予物质上的帮助，而是通过改变信徒对事物的认知，改变他们看待事物的角度，从而在原本无趣的事情上发现乐趣，在原本枯燥的人生中发现生命的意义。

其实，我们谈单时也要学会这样去改变客户认知，颠覆客户原有的思维模式，让他们从一个全新的角度去看待此次合作。

举一个简单的例子：现在，很多客户做装修时经历了很多痛苦，不放心，忙得要死，虽然效果图很漂亮，但是实际装修出来的感觉远没有达到理想中的效果，此时，他们就有可能把责任推到装修公司和设计师的身上。

为什么客户会有这样的想法呢？

因为他们并不知道，关键的原因是后期出效果的软装设计不是专业设计师做的，是他自己不专业，导致没有达到理想的装修效果。

此时，我们应该做的是正向地解读和引导，告诉客户，装修实际上由两大部分构成，一部分是硬装，一部分是软装。虽然硬装的部分是设计师完成的，但是呈现最终效果的那部分是客户自己完成的。由于他的不专业，影响了最终的效果。

当你去正向解读，颠覆客户认知的时候，你在客户的心中就是专家。并且通过正向的解读，还能帮助你把客户引导到你塑造的框架里，从而有效地打造你的服务和价值。

如果你会做软装，这个时候的正向解读反而可以帮你接单。当然，除了装修设计师以外，家具、窗帘、壁布、饰品、挂画等的销售人员也可以通过对软装的正向解读来影响客户的认知，达到签单的目的。

 "你就是专家"的效果导向思维

其实，真正的谈单高手都是有效果导向的。就像下棋一样有章可循，谈单也需要通过逐层布局进行引导。

虽然谈单销售的过程是为了把我们内心的想法、创意等表达给对方，让对方知道，然后得到认可，但是，很多时候未必如此。

在我们谈单销售的过程中，需要用到**吸引、导向、成交**等一系列的流程动作，而这一系列动作都是以目的为导向的。

只需要做到以下 3 步，就能实现效果导向成交。

1. 建立目标

如果连目标都没有，就没有效果导向一说，仿佛你在黑夜里要靠北斗星辨明方向，却连哪颗是北斗星都不知道。

那么，在谈单中如何建立目标导向呢？

比如，今天我们要成交一批装修的客户，这是我们的目标。但是我们需要用什么方法才能不让客户离开？要怎样表达才能让客户选择我们？要用什么样的形式和流程吸引客户签单呢？

2. 布局思维

当我们建立目标以后，下一步就是要学会布局。我经常在上课的时候分享，如果我们打算以宣传设计师为主，让客户感觉设计师非常专业，做出来的设计非常漂亮，那就要在公司每一个重要的位置张贴设计师的海报，介绍他的成功案例，并且展示他所获得的奖项，通过环境布局，让客户进来以后就被这种氛围深深吸引。

比如下图中我个人介绍的这种模式，做出一个漂亮的展架，展示在公司醒目的位置，让客户第一眼就能看到。

3. 体验思维

布局设计的实力是专业的基础。那么，接下来就要让客户得到以下两个体验。

第一，设计方案体验。通过设计师对专业的、与众不同的设计方案的讲解，让客户切身感受到设计师的专业性。

第二，样板间实际体验。很多时候，客户的内心只相信自己看到的。为了增加客户内心的认可度，你要学会邀约客户体验场景、感受产品，这样才能促进成交。

这两个体验中，什么样的方案能够让客户感受到设计师的专业性？什么样的体验模式才能深深地吸引顾客呢？

在后面的章节中，我会详细介绍整个谈单营销流程的设计。

五　自我修炼的内外觉察思维

觉察思维是谈单销售中最重要的一个环节，分为**"外在觉察和内在觉察"**两个部分。

外在的觉察是让你练就一双慧眼，可察万物。

我们去谈一个客户的时候，他们会给我们讲诸多诉求。这个时候，我们就要学会观察，揣测他们表达这些诉求的深层原因是什么。

我经常在讲课的时候问学员一个问题：**客户找我们做装修的目的是什么？**

很多学员会说：省钱、放心、专业，等等。其实，不管客户表达什么，他们最终就是想让你帮他实现内心想要的那种**"感觉"**。

外在的觉察思维用于觉察对方反映出来的内心变化、情绪变化。我们在谈单销售中，通过客户的**语气、情绪、表情**去揣摩对方的内心变化和需求，并根据这些反应引导他们的思维。

那么，什么是内在的觉察思维呢？

内在觉察思维主要针对本我。现在的社会纷繁芜杂，很多人感到迷茫，甚至迷失自己，为做事情而做事情，为做设计而做设计，而没有时间去思考自己真正想要的是什么，自己的定位是什么。导致从业 10 年、20 年也没有什么成就。

只有真正觉察自己，确定好自己的方向，才能找到脚下的路。拿我自己举例，我在软装行业做了 11 年，仍不断问自己，软装市场需要什么，我能做什么。

因为我的理想并不是单纯地做一个设计师，而是要做一个改变软装行业现状的人，要帮助设计师、装饰公司转型，帮助家具、灯具、饰品、挂画、建材等商家提高销售接单能力，做好迎接新世纪、新挑战的准备。

正是因为这个定位，11 年来，我在软装行业不断试错后，终于找到一套能做大做强的方法，并且实践出一套适合软装行业的最新的互联网快速接单模型和一套谈单技巧。

实际上，内在的觉察思维是个人发展定位的问题。你仔细观察一下，在某一行业取得成就的人，不可能在所有方面都有发展。就像现在的设计大师，他们每个人都有属于自己的独特风格，当你看到他们作品的时候，就知道这是谁设计的。

11 年的时间里，我从刚出校门的大学生成长为在软装行业有知名度的人。你正在看的这本书，包括以前出版的《设计师成名接单术》一书，都是我的内在觉察思维引领而来的。

所以，内在的觉察思维对你的发展具有至关重要的作用。请学会观察市场的发展，找到未来属于自己的发展方向。

2

被忽视的
"谈单沟通真相"

一 谈单中大脑的沟通模式

大道至简是很多人都明白的道理，但是，仍然有无数的人选择主动忽视简单的真相。

其实，想要成功签单，就需要更好地引导对方，这就需要掌握人类大脑的沟通模式。

经过研究发现，在我们与外界沟通的时候，大脑需要不断地对从外界接收的信息进行加工处理，就像过滤网一样。这个过程包含了 3 种处理方式：**删减、扭曲、一般化**。

1. 删减

我们每天通过手机、报纸、电视、书籍等接收上万条的信息，而我们的大脑意识根本没有办法在很短的时间内完全处理所有的信息。

所以，大脑对外界信息形成了惯性筛选，也就是删减信息。

举个简单的例子：你现在向前看，看到了什么东西？什么形状？再仔细看刚刚的视线范围，是不是还存在很多东西，但被忽视了，并没有被那么完整地看到？

现实就是这样，我们的大脑每分每秒都在做删减工作，只不过这都是在潜意识层面进行的，很难被察觉到。

2. 扭曲

大脑沟通的第二道程序就是扭曲。扭曲让我们具有了想象空间，却也存在很大局限。矛盾的产生大都与扭曲有关。

像我们平日说的**"杯弓蛇影"**，像那些价值不菲的艺术作品，我们设计的家居空间等，都是扭曲的结果。当然，扭曲也会让人对同一事物产生相反的认知。

举个简单的例子： 假如我们看见一个打扮时尚的女性走进店里，她穿着得体，举手投足之间流露出一种知性美，那么，对这样的人你能联想到什么？

你可能会想到她是一个居家的富太太，也可能会想到她是一个在社会中苦苦打拼而取得成功的人……而这一切的想法都是扭曲的结果。

在谈单中，我们总是希望通过客户的穿着、打扮、说话方式等去判断其消费能力，而通常我们大脑中想象的未必是真实的结果。

正因为大脑扭曲的功能会让我们产生很多假设和想象，所以对方也会因此而产生各种各样的情绪、判断。

在我们的谈单过程中，这种大脑扭曲的思维，就是我们用语言和图片去塑造想象空间的关键。你要学会综合运用语言、图像等，达到引导客户认知、签单的目的。

3. 一般化

人天生有学习的能力，我们在学习和实践中不断地总结经验教训，这些经验、经历、能力等最终都会储存在我们的大脑中，形成一套应激程序，一经同样的或者类似的事情触发，便会自动跳出来。这就是一般化机制，也叫归纳。

这个程序有利也有弊。好处是我们可以借此学得更快、更多，就像我们认识了一个人，这个人的音容笑貌等都会被储存下来，下次见面时，我们就直接认出来了，不用重新认识一遍。

当然，一般化也容易让我们画地为牢，限制我们能力的发挥。比如我们第一次谈客户，结果失败了，于是得出了这样的结论：**客户不好谈啊，成交好难啊，是不是我们自己的问题等。**

那么，我为什么分享这些大脑处理信息的模式呢？

就是让你明白一个真相：**我们眼中的世界其实是片面的、残缺的、不真实的，是大脑处理信息后我们自己主观搭建的。**

所以，很多看似真相的东西往往不是真相，听到的也不是真相，都是通过大脑删减、扭曲、一般化后得到的结果。

二 谈单中客户构建的大脑地图

上一节中，我系统地讲到了大脑对外界信息的接收模式，也就是说外界传递给我们的信息很多，我们通过潜意识里的删减、扭曲、一般化，筛选出来一部分信息。

这种筛选信息的方式，难免过于主观，换言之，我们现在看到的世界其实都是自己主观构造的。我们的五官接收外界信息，然后传递给大脑，大脑再进行筛选，在脑海里构建了一个大脑"地图"。

同时，因为地图是每个人主观构建的，所以具有唯一性。不同的人对同一件事物有不同的见解和看法，就是这个原因。

那么，我为什么要跟你说这些呢？

原因很简单，我想要告诉你事物的本质，了解这些本质以后你才能知道如何做。作为一个谈单销售人员、设计师，你还要学会**"悟"**。

也就是说，在谈单的时候，我们抛出的任何信息和所做的动作，都是可以影响到客户认知的；反之，客户抛出的信息和动作，也会对我们有所影响。你要做的是学会如何在谈单的时候辨别这些信息，不被客户影响。

举一个例子，我经常在讲课的时候说，其实，客户在决定与我们签单的时候，打动他的不一定是你的设计，有可能是报价，也有可能是送礼品等方式。无论如何，你都要知道，影响客户做决定的因素是多元化的。因此，你要学会从多方面塑造你与竞争对手之间的不同。

你与同行设计师的不同在哪里呢？

这个时候你就需要学会全方位塑造。比如，出版个人设计作品集，让客户看到你曾经的案例，参加过某个设计大赛，拥有设计师职业技能证书等（很多学员反馈，拥有职业技能证书在签单的时候更容易成交）。拥有这些为什么更容易成交呢？

因为现在的客户都会挑选很多设计师和设计公司，并且发现，每一家公司的水平都相差不大。因此，他们就会折中选择价格合理、他更信任的设计师。

此时，你有没有想到一个问题：既然每一个设计师和公司都相差不大，为什么客户会优先选择有职业技能证书的设计师呢？

在现实中，可能两个设计师的水平差不多，但是，在客户的主观判断中，他们更相信自己看到的，这就是人主观判断下的大脑地图。

上面的例子对设计师的签单非常有效，对销售家具、窗帘、壁纸的门店也非常有效。

我收到无数家具门店经营者的反馈，以前他们用销售的模式去谈客户，发现非常困难，客户总是在比较价格、材料。但是当他们换一种方式，用软装设计师的身份去给客户提供解决方案以后，发现签单非常容易。为什么？

因为他们为自己赋予了一个新身份——软装设计师，而且还是一个有职业技能证书的软装设计师。这个时候，客户就喜欢听他们的建议。

从上面的例子中我们可以看出，通过简单的包装，就可以投射出不一样的信息，影响客户，让客户得出我们想要的结论。

其实，这就是谈单中客户构建的大脑地图。当你弄清楚这些大脑的沟通模式以后，你就可以思考以后在什么场合去运用。

既然大脑接收、处理信息的模式是这样的，我们就可以通过不同的投射信息的方式去影响客户。当他被影响以后，沟通就容易多了。

记住一个现象：别人理解的 ≠ 你所表述的

在谈单课程中，有学员问："老师，我对客户说了很多，如果我是他，自己都会被说服了，可是对方根本没有反应，为什么呢？"

原因很简单，因为你过于坚持自己的内心地图，而走向了另外一个误区。

你此刻应该明白，我们所感知的世界都是我们主观构造的，而且每个人的大脑地图不一样，所以对同样的事物会有不同的看法和认知。

那么，这会导致出现什么样的情况呢？

那就是你所表述的意图，往往被对方曲解成别的意图，矛盾由此产生。

所以，很多人有时候不理解客户为什么生气，甚至原本要好的朋友为什么突然变得陌生。这一切都可能因为你用自己的地图控制了对方的地图。此时，你要明白，你的目的是从客户那里收获反馈，因此，对方的反应非常重要。

所以，不要用自以为是的方法去试图说服别人，每个人对同样事物的看法往往是不同的，而你若要在谈单的时候说服和打动别人，最好的办法是先**了解对方的地图**。

所以，如果你有上述问题，在以后谈单的过程中要特别注意，对方所接收到的、理解的，到底跟你要表达的是不是一个意思。

比如我在给学员授课的时候，都会从学员的实际痛点开始分享，当我把学员的痛点讲完以后，才会引导他们跟随我的地图，走进我给他们塑造的世界，让他们去构造之前没有看到的地图。

三 谈单中的客户信念系统

世界上没有两片相同的树叶，更没有两个完全一样的人。成长经历不同的人，其处理事情的观念和办法也不同。一个人的行为方式和所有观念的总和，我们就叫它客户信念系统。

1. 什么是信念

信念是一个人对其他事物的观点，也就是我们认为或相信事情应该是怎样的。信念是一个人思维中的真理，但是比较主观。

例如：

我认为只有这样设计才是最好看的；

我认为只有这款家具才是最有品质的；

我认为中式风格才是我最喜欢的……

2. 什么是价值观

价值观是建立在信念基础上的观念，就是这样做能获得的价值或者利益是什么。

与上面例子中的信念对应的价值观是：

21

这样才能让我居住的房子赏心悦目；

这样才能提高我的生活品质；

这样才能体现我的文化内涵……

3. 什么是规则

规则就是对于一些事物的具体做法，是在信念和价值观的基础上形成的。

比如，我认为只有这样设计才是最好看的（**信念**），才能让我居住的房子赏心悦目（**价值观**），所以你给我做设计时需要考虑到我喜欢的那些元素（**规则**）。

那么，通过了解信念系统，你可以明白每个人的信念系统都不一样，这也是人与人产生矛盾的终极原因。只有学会在理解对方信念系统的基础上去引导，才能在谈单的时候达到最好的沟通效果。也就是说，你和客户拥有的信念系统重叠的部分越多，就越容易建立亲和感。

谈单中的沟通体系搭建系统

我在讲课的时候，总是对相关知识进行归纳，然后将其变成一个可以套用的模型。在这个模型的基础上去学习，就能轻松地理解所要学的知识。下面我分享两个谈单销售理论模型。

1.4+N 谈单理论模型

谈单不可能一见面就成交，每一次成交的背后都有许多障碍。从接触到成交，是一个逐步进阶的过程。

那么，"4+N 谈单理论模型"是什么样的呢？

"4"指的是谈单路线图的 4 个层面，"N"则是围绕这 4 个层面的其他附加策略。

谈单的路线图如下：

建立亲和感→注意力爆破→信息、需求挖掘→权威感塑造

其他附加策略包括**颠覆认知、设置心锚、隐晦命令、扭曲暗示、制造紧迫感、负风险承诺等**。

其实，只要灵活掌握这些技术，就能在谈单的时候自如地应对各类客户。这些技术我在后面的章节中会分享。

2. 效果性盲打理论模型

学习的目的是什么？不是生搬硬套。本书会讲到很多底层逻辑、策略、方法、技巧，学会以后，不能生搬硬套，而是要灵活运用。

效果性盲打模型就是告诉你，不管是什么样的策略和成交模型，关键是需要策划出来，然后在不同的场合、不同的客户身上去实践。只要能让客户认可你，并且跟你签单，就是成功的模型。

切记，书上的知识都是死的，你要学会这本书的思维方式。

有这样一句话送给你：

一流的人学思维；

二流的人学技术；

三流的人学执行力。

虽然本书可能没有教你太多的具体内容，但是却教给你一套谈单的底层逻辑，并且涵盖了心理学。掌握这套底层逻辑的思维，就能在市场上运用自如，千万不要被我描绘的地图限制了你的思维模型。

3

第一布局系统
——信任布局策略

谈单销售布局首先必须明确的 5 个问题和 7 个标准

谈单就像打仗，在开战之前，一定要做好排兵布阵。那么，设计师谈单也好，销售产品也罢，都需要提前做好布局。

在做布局之前，需要先思考明白以下 5 个问题。

1. 目前行业存在的问题有哪些

如果你在装修行业、窗帘壁纸行业、家具行业或软装行业工作，那么你需要思考这些行业现在存在什么问题，具体又包括哪些细节。（现在你就可以放下手里的书，拿出纸笔，认真思考你现在所从事的这个行业存在的问题，一一写下来。）

就像我经常说的，现在很多人都在把自己做装修成功的经验复制到软装行业，那几乎是死路一条。看似相同的行业，本质相差甚远。如果不能深刻理解这个行业的现状及未来，就无法找到正确有效的解决方案，一味地复制当初的经验只会让你个人或企业逐渐落后甚至被淘汰。

到目前为止，很多设计师还认为，软装没有什么好学的，做装修的本来就会这个，而现实却与之相反。

就像很多客户找我们做设计，总是想要免费。可是，作为设计师，我们不收设计费，就只能靠做项目施工来填补设计人员的开支，实际上羊毛还是出在羊身上。

当我们知道这些问题以后，就要寻找根本原因，也就是下面我要讲的第二点。

2. 造成问题的根本原因是什么

当你列举出行业存在的问题以后，就要开始思考，这些问题到底是在什么样的情况下产生的，原因是什么。

3. 有什么方法能解决这些问题

当你知道这个行业存在的问题，并且知道原因以后，就需要想出解决方案。这些解决方案就是你谈单时需要向对方介绍的内容和避免发生的事情。

4. 解决这些问题需要具备什么样的资源

有了解决方案以后，我们需要思考，解决这些问题需要准备什么，需要什么样的资源。

比如在装修行业，大家注重环保问题。如果你告诉客户，你们的装修是环保的，那就要向客户证明这一点。

如果你要体现设计师的专业性，就要有一个展示墙，在墙上展示你们取得的职业技能证书、获得的奖项等，通过这样一种间接的方式，向客户证明你的实力。

5. 需要承担哪些风险

如果前面的问题都解决了，你现在就要思考实现这些承诺需要承担

什么风险，这些风险你是不是承受得起。

比如，同行承诺免费设计，而你需要收费设计。那么，如果客户交钱了，你的设计水平能否超越同行？这就是你需要承担的风险。

如果你想提高成交率和成功率，必须符合以下 7 个标准。

1. 深入做过市场研究

顾客的类型有哪些？你的客户群体是哪些？他们的人群画像是什么？他们的消费行为特征是什么样的？竞争产品有哪些？这些问题设计师都应该提前做好调研，做到了如指掌。

2. 调查同行设计师

你必须对设计有独到的、别人没有的见解，提出优质的设计方案。如果你是软装产品销售人员，要了解同行产品，熟悉对方产品的优缺点，以及自己产品的优缺点，做出合理有效的解决方案。

3. 你必须成为所在行业的专家

客户会听什么人的意见？显然是比自己更专业的人。你跟客户沟通的时候，需要尽量用专业的表达方式，表达出客户没有听到过的设计思想，让客户学到东西，这样，他就会认为你是专家。

当然，在后面的章节中，我也会和你分享如何表达才能在短短的接触时间内让客户认定你是专家。

4. 为客户解决问题的心态

你必须明确自己是去帮助客户摆脱痛苦和损失，而不是为了卖产品或者卖设计而去做销售。你是顾客的导师，是要帮他解决问题，不是求他购买你的产品或设计。

5. 你必须有明确的谈话目的

你需要了解对方的需求是什么，而不是被客户牵着走。

前面说过，很多时候，我们总是会陷入与客户一问一答的循环中，这样就很容易被客户掌握谈话节奏。那么，如何才能不让自己陷入这样的窘境呢？在后面的章节中，我会介绍如何在不知不觉中从客户手中夺回谈话主导权的技巧。

6. 提前做好准备

在见客户之前就要准备好道具与应对不同类型客户的方式。

比如，我们要学会在设计方案中植入佐证你设计实力的获奖证书、职业技能证书。如果是销售软装产品，那么，这些产品的质量检测证书、销售代理证书等都是你的道具，一定要提前准备好，以备不时之需。

7. 你必须是一个愿意把大多数时间都留给客户说话的人

能做一个话比较少的倾听者是一种很重要的素质。在谈单过程中，你要学会多听客户表达，客户说得越多，你才越有机会找到客户的需求点，提出优于他认知的解决方案。

二 信任布局系统之思考顾客心理的 4 个阶段

所有的谈单成交过程都是一个循序渐进的过程，我把这个过程分为以下 4 个阶段。

第一阶段：首次接触。在这个阶段，我们需要解决的问题是，怎么做和怎么说才能让客户感觉和你成交是顺理成章的，你不是单纯为销售而来。

第二阶段：与客户建立信任关系。在你跟客户接触以后，如何让客户信任你？任何成交的前提都是建立在信任基础上的，你要在最短的时间内，让客户感觉你是一个有实力，而且值得信任的人，跟你打交道不会吃亏。

第三阶段：信任关系的发展。信任的发展是一个循序渐进的过程，你要让客户跟你的关系从弱关系变为强关系，这就是信任推进的过程。在我的《设计师成名接单术》一书里，我就讲过陌生客户与我们从弱关系到强关系的"信任推进术"的问题，这里不再赘述。

第四阶段：方案讲解或销售产品。如果是设计方案讲解，相信很多人都听说过"三分方案七分讲"这句话。同样的方案，讲解的人不一样，效果截然不同。而方案讲解的专业度，就是你专业实力的体现。

如果是销售产品，也请你多学习软装设计的知识，将专业知识导入所销售的产品，是一个有效的销售手段。我的很多学员，无论做家具销售的，还是做窗帘、壁纸销售的，他们听完我的课，系统学习软装知识以后，再去有建设性地推荐产品时，客户不但不会反感，而且会觉得从中得到了很多灵感。在双赢的情况下，他们的销售成交率提高了 10 倍，签单额也提高了很多，更不会陷入各种价格战中。

其实，上面讲的 4 个阶段，我们完全可以通过布局的形式来完成。在本章第四节，我会讲述 50 条心法，破解这四个阶段的客户心理问题。

 信任布局系统之让对方放心与你成交的 4 大前提

在没有做好价值塑造之前，切勿谈钱。任何时候，你去谈单，都一定要先判断所做的一切价值塑造是否满足以下 4 大前提。

第一，想要让一个人相信你，愿意与你达成交易，必须先毫无条件地帮助对方获得实际价值与体验，或者让对方亲眼看到事实与你的实际能力（前面已介绍过案例展示、证书展示等方式）。

第二，必须要消除客户的 13 个负面心理与购买疑虑。

（1）他是什么人？是干什么的？

（2）他怎么会找到我？

（3）他的这种行为、装扮与他的说辞有什么目的？

（4）他为何给我传递这种信息？

（5）他是哪种人？会不会是骗子？

（6）要是我跟他搭话，可能会给我带来哪些麻烦与风险？

（7）我为什么要听他说？

（8）他说的我有需要吗？跟别人说的有什么不一样？

（9）我凭什么要相信他？

（10）我跟他不熟，更不了解他，能放心跟他合作吗？

（11）他的言行举止和整体形象看起来像是有这种水平和实力的人吗？

（12）如果跟他合作没有成功，可能会给我带来哪些风险与麻烦？

（13）这种交易方式安全吗？如果他不守信誉，或者没有他说的和宣传的那么好，会给我带来哪些损失？我去哪里找人？有什么保障？

以上 13 个疑虑是很多客户都会有的。所以，我们要尽可能多地思考通过什么样的方法来打消客户心中的这些疑虑。

第三，必须解除顾客以下 9 种忧虑与行动阻力。

（1）害怕买的产品或者服务不是同等价位中最好的。

（2）害怕买贵了。

（3）害怕做错决策，买的不是最适合自己的却又不能反悔。

（4）害怕实际产品与服务跟宣传中的不一样。

（5）害怕你的承诺不会诚实兑现；产品或服务买了以后有问题，就找各种借口说是别人没有按你的标准使用，推卸责任。

（6）害怕售后服务不好、不方便。

（7）害怕产品是假货，设计达不到效果。

（8）害怕你是个骗子把钱骗走。

（9）害怕有些问题没考虑周到，买了之后会带来损失与麻烦。

这9种忧虑与行动阻力都是正常的。我们不管是卖产品，还是卖设计，其实都有这些成交的障碍，需要我们一个一个地破除。

第四，把你的商品和服务所能带来的结果进行细化讲解更能让人信服，细化每一个阶段的结果，让客户在使用过程中更加有信心。

你在装修时可以具体地告诉客户，水电做完是什么样子，软装做完是什么样子，整个装修做完是什么样子，而不是笼统地说。

现在很多公司为了解除客户的疑虑，采取先装修后付款的方式。每完成一项工作，再支付相应款项。这样的话，客户就能看得见、摸得着。

请记住一个法则： 自己作为客户时会有的疑虑，你的客户也一样会有，所以要设身处地地想客户所想。

四 信任布局系统之信任布局 50 条心法

在交易当中，双方当事人会相信什么人或什么事？总结起来大概有以下 50 种情况。

（1）人品好，有爱心的人；把他人当作朋友，并且愿意私下向他人分享自己心事的人；无私奉献，给他人温暖的人。

其实帮助别人就是帮助自己，不要一味地只顾自己的利益。哪怕你不具备这些条件，也有必要去包装自己，创造让别人去跟你接触时感受到这些的机会。

（2）在介绍自家产品时不说竞争产品坏话的人（同时也不要把自己说得太完美，否则会被认为是自卖自夸）。

（3）通过其他渠道知道他经常真诚帮助别人，并且不索取任何利益的人。

（4）自己接触过的为他人着想并且不为索取利益而帮助别人的人。

（5）亲人朋友或者亲人朋友介绍的人。这点大家应该很有感触，亲戚、朋友介绍的业务，双方比较容易建立信任关系，也更容易成交，其原因是转嫁了亲戚朋友的信任。

（6）老师或专家等比自己更懂行的人（包括对本企业产品和大部分竞争产品共同特征、性质的了解，对顾客问题、痛点的了解，对行业知识、设计同行优缺点的了解等）。

（7）整体形象、气质、谈吐与从事专业相符合的人（身份包装与衬托）。我经常跟学员们说，你们的形象非常关键，你的服装、发型等都是职业的象征，既然从事设计，就不能穿得像个业务员。

下面，请看我的两种形象照。

虽是同一个人，但两张照片给人的感觉很不一样，左图更像是做生意的人，右图则更像个设计师。

（8）相信和自己同类型的人。很多人都会不知不觉地喜欢与自己生活环境类似、思想观念类似、心态类似的人。你应该有过一种感觉，有的人刚一相处就感觉跟他投缘，就是这个原因（这个可以模仿和塑造）。

（9）考虑问题仔细周到，稳重，办事妥当负责，不夸夸其谈的人。

（10）谈话逻辑清晰、有水平的人。

（11）懂自己的人（了解过自己并且能描述出自己的问题、处境、痛点和心理行为）。

（12）亲身体验过。互联网时代有一句话叫"无体验不成交"，只有客户体验过了，成交才能变得更容易。

（13）有权威、有影响力的证明。我经常在上课的时候说，作为设计师也好，软装产品的销售也罢，如果想把自己打造得更专业，职业技能证书的申办是很有必要的。

（14）权威专家或者明星代言的。通过明星和权威专家来转嫁信任度。

（15）大集团、大企业或者有影响力的大人物、名人都在使用的。

（16）担保承诺解除各种担忧。

（17）可见的、真实的评论（有评论人的联系方式）。

（18）真实展示产品效果，或者有与竞争产品对比的效果证明。

（19）有真实案例证明。

（20）难以做假的真实场景。

（21）把自己产品的某些不足也真实讲述出来的人。

（22）曾经打过交道并且送过礼物。

（23）所传递的信息或言语符合人性认知和逻辑，不会让人觉得离谱的人。

（24）现实中经常发生的案例。

（25）真诚站在客户立场着想，真诚帮助客户省钱，并根据实际情况给出最适合的建议，帮助解决问题的人，而不是一心只为卖贵的产品索取利益的人。

（26）熟悉了解的人。

（27）长期关注并了解一些真实动态的人。

（28）在很多人那里的口碑、评论好的人或物。

（29）很多人在购买或者使用的东西。

（30）有国家权威部门认证的东西。

（31）被公认为有实力的人。

（32）很多人用了以后认可的产品。

（33）亲眼看到的变化或者效果。

（34）有事实根据的说法。

（35）确定来自正规平台或单位。

（36）谈判过程中有底气，并且敢于正面直视对方，眼神不会躲闪的人。

（37）有真实数据的量化与比例证明。

（38）真实画面动态。

（39）经营时间比较长的品牌。

（40）购买前获得过卖家的商品或者服务。

（41）公司的形象与规模、团队与老顾客的数量，能让人感觉有实力的公司。

（42）老顾客回头的次数证明。

（43）产品的包装形象与价格以及摆放的专柜相称。

（44）没有让对方感觉到你害怕自己的产品卖不掉。

（45）没有在对方还没了解你的产品之前进行推销，也没有在对方还没产生购买欲望之前急着推销。

（46）交易与售后有保障（用最有底气的话向顾客承诺不会让他

买亏）。

（47）曾经通过小额交易获得过超预期回报。

（48）相信高价格或者高门槛的产品比较好。

（49）谈单销售是交朋友、彼此了解的过程，是为对方贡献价值的过程。贡献价值可以是送礼，那么在这个过程中，如果对方没有主动跟你提产品，或者还没有对你的产品产生购买欲望，绝对不可以急于向对方推销，应该自己先付出，让对方欠你的人情。

（50）谈单销售不是以销售产品或服务为目的，而是用全方位利他的心态，真诚地去帮助客户实现梦想，争取以最少的付出实现利益最大化，获得更好的解决方案和结果。

这50条可以说是直击客户内心，成功签单的通用心法，在实际谈单中并不一定要完全运用，但是请根据你从事的工作对号入座，找出能为你的职业保驾护航的那部分。

在后面的案例中，我也会分享对这些心法的运用。请务必循序渐进地认真学习，一步一步跟随书的内容走，仔细思考，收到举一反三的效果。

信任布局系统之9大见证体系设计公式

我在讲课的时候经常说到，一切谈单成交都需要布局，通过布局，我们才能更加容易实现签单。

那么，如何布局才能让客户绝对信任呢？

下面我将向你揭秘，建立信任布局的9大见证体系设计公式。

1. 顾客见证公式

过去：痛苦＝痛点＋疑惑＋问题＋事物的发生以及该事物所产生的喜怒哀乐

现在：快乐＝使用后的变化过程与结果对比＋心理感受与想法＋经验分享（复购行为＋转介绍行为＋感谢行为与感言情绪描述）

未来：梦想＝描述自己追随产品的信念最终会得到结果

通过文字（手写感谢信、说说、朋友圈、私聊）、图片（聊天截图、付款截图、见证截图、效果截图、对比截图……）、语音（音频互动、见证……）、视频、锦旗等形式来展现。

2. 产品见证公式

原料＋取材＋包装＋定位＋服务＋售后＋细节化、

卖点化、证据化、数据化、具象化 + 传递产品质感、仪式感等。

3. 公司见证公式

办公环境 + 公司氛围 + 企业文化 + 领导照片、员工照片 + 实力照片（荣誉照片、获奖照片等）。

4. 个人见证公式

高档车 + 高格调生活照 + 团队照 + 工作照 + 领导合影 + 会议照 + 业绩照 + 奖金照 + 客户合影照。

5. 团队组织见证公式

代理商、加盟商、区域分销商见证 = 门店照片 + 加盟照片或视频 + 代理商与产品合照 + 发货、打款照 + 展柜展示照 + 经销 / 批发 / 代理合影 + 各种调动情绪的照片。

6. 公信力见证公式

身份证（国家证书、资质等）+ 荣誉、奖项、锦旗 + 上市代码（新三板、创业板等）+ 自有专家资质 + 行业内荣誉 + 历史故事 + 新闻媒体专访、专家建议、明星建议、媒体建议等。

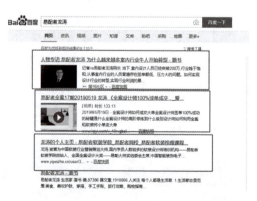

7. 行业专家见证的包装公式

专家＋业内资质＋荣誉＋专业从事本项工作 5 年以上的人员通过图片、文章、视频做疑问解答。

8. 意见领袖公式（大咖见证）

知名作家＋明星＋业内专家（有一定影响力、宣传力，"粉丝"破 10 万的人）＋知名企业家＋小众圈子内有影响力的人＋大众圈子内也有影响力的人（合影照片＋视频推荐最为常用）。

你选择的代言人，一定要是客户喜欢的，客户觉得这个人可信，才会在潜意识里信任产品。如果代言人的人品出了问题，立刻换掉这个人才是明智之举。

但问题来了，有人会说请明星代言动不动花费几十万元、几百万元，甚至上千万元，我们小企业承担不起这个成本。

方法很简单，如果请不起明星，那么我们就靠数量取胜。比如一家软装产品公司，虽然请不起明星，但是可以找本地有些影响力的设计师为企业代言。每个城市找一两个同级别的设计师，这样就有 20～30个小范围内有公信力的人物为公司代言，效果同样很好。

除了请设计师代言以外，还可以邀请一些客户做代言人，这也是很好的以量取胜的方法。

9. 媒体见证公式

各大纸质媒体头条＋电视新闻＋各大新闻网软文发布＋专业论坛＋圈子峰会＋采访栏目＋权威部门报道。

信任是一切交易的基础，上文已分享了需要用到的与客户建立信任关系的技巧。由于篇幅有限，我无法一一举例，建议你将这9大公式多读几遍，并且把能找到的、想到的具体见证形式写出来。

当我们取得客户的信任以后，就要运用谈单中重要的一个技巧——颠覆认知谈单术来签下单子，请看下章介绍。

4

第二布局系统
——颠覆认知的谈单策略

一 颠覆认知的谈单的 3 个框架

在日常谈单中，要想改变客户的认知，让客户顺利签单，只需要运用下面这个谈单的 3 大框架即可。

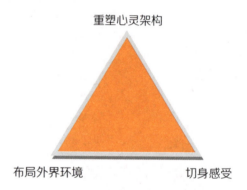

重塑心灵架构

布局外界环境　　　　　　切身感受

那么，这 3 大框架应该如何运用呢？

1. 谈单框架一：重塑心灵架构

重塑心灵架构就是包装自己，以此实现颠覆客户认知的两个目的。

第一，把你的思想观念植入客户的大脑，改变客户原来的购买判断方式，使其产生新的认知，改变思想观念，产生新的需求。

第二，屏蔽竞争产品，让客户一心追随你，认为只有跟你买才能放心。

在我的课程中，分享过很多的成功案例。在这里，我就分享一个把自己的观念植入对方大脑的方法。

比如客户询问装修价格的时候，一般的销售人员都会回答：根据项目、设计、材料的不同，价格也不同。这样的回答就无法重塑心灵的架构。

如果想颠覆客户认知，重塑心灵的架构，你应该这样回答："在装修的过程中，要想达到理想的效果，实际上有两个行业装修标准，只要满足这两个标准，费用高一点也值得；相反，如果不能满足这两个行业装修标准，花再多的钱也是浪费。"

这样，你的回答就把客户的关注点转移回来了，你又重新掌握了主动权。

为了实现重塑心灵的架构，我们应该采取什么样的方式呢？

（1）塑造专家形象，包装自己的语言表达方式。

如果想让对方在很短时间内认可你，甚至认为你就是专家，首先要关注的就是对自身形象的包装。

同一个人，形象不同，给人的感觉就不同。所以在形象上无论衣着、发型还是配饰，都应该让客户感觉你是一个专家而不是一个单纯的推销员。

那么，什么样的语言表达才能让客户感觉你是专家呢？在后面的章节中会有详细的介绍。

（2）设计独特且实用的理论体系。

很多人在谈单时的表述总是平平淡淡的，或者所讲的内容跟竞争对手的差不多。这样的话，很多时候，你会发现客户比你还专业。其原因在于，你们谈单的表达方式没有经过专业的设计，没有形成与众不同的价值体系，所以无法在众多竞争者中脱颖而出让客户记住你、认可你。

形成独特的谈单系统需要你在平时加强学习，在专业上不断挖掘细节，关注别人关注不到的东西，直到形成自己的理论。

2. 谈单框架二：布局外部环境

布局外部环境其实就是包装你的产品和企业项目、方案。

这样做就是为了影响客户的感觉，改变他们的价值观，提升他们对你的产品或企业的信任度。比如，我们可以在公司布置荣誉墙、荣誉室，通过这些展现你的企业实力和产品竞争力。

其实，布置荣誉室、荣誉墙等，这一切的行为就是通过一系列的手段，创造环境去影响对方的认知。

比如，我会在办公室里放很多我编写的书，以及获得的所有奖项、授权等，只要有人来，我就会赠送一本我编写的书，这样就能通过环境去影响对方。

3. 谈单框架三：切身感受

切身感受的目的就是改变对方的信念，让顾客坚信你是值得信赖的、可靠的，从而产生归属感。

有一句至理名言：无体验不成交。通过围绕你的目的布局、创造情境，让对方感到身临其境。

比如，为了让客户找我们做软装设计，可以建立一个体验馆，让客户来实地体验。当客户体验一遍以后，他就会被你塑造的环境说服，达到成交的目的。

但是，体验馆的设计需要有方法，具体如何设计才能让客户自我说服，实现快速成交呢？由于本书重点讲的是谈单成交的思维，在这里就不延伸了。

特别提醒：引导客户成交的一个原则是，无论采取什么方法，都一定是以真诚利他为目的，为顾客创造价值，而不是单纯以为自己盈利为目的。

二　改变客户思维观念的两个核心

在上一节中介绍了谈单的 3 大框架，其中框架一是重塑心灵架构。这个框架的重点就是改变客户思维观念。

那么，如何改变客户思维观念呢？这里涉及两个核心方法。

第一，让原本觉得自己的想法或选择方式很好、很对的人通过跟你沟通以后，发现自己很外行，所知道的专业知识太狭隘，认同你的专业知识和建议，认同按照你的思路和方式做才能更好。

基于此，只要你能通过深厚的专业知识，让客户感觉到你的想法更好、对自己更有利，客户就会不自觉地跟着你的思路走，根据你的标准去做决策，改变自己原来的想法。这就实现了颠覆客户认知，改变客户思想的目的。

比如：客户受传统认知限制，只知道装修，而你在谈单的时候，要否定装修的概念，说明凡是装修的思维都是错误的，只有全案设计才能实现他找装修公司、找设计师做设计的目的。然后让客户自我说服，自己做出正确的选择。

成为谈单高手和销售高手的前提是不但具备超强的专业知识，还懂得包装自己。如果你不懂得包装自己，依然不会有太强的说服力。当你成为客户心目中的专家时，别人自然就会信任你，并逐渐接受你的思路和建议。

其实，很多人的心态都是花最少的钱办最多的事。你要做的事情就是提前了解客户，制定出多种供他选择的标准和框架，展示你专业的同时还能让客户做出你规划好并且也适合他的选择，这样才能顺利成交。

比如：客户要买一套新中式家具，你可以问客户："请问你选择新中式家具的标准是什么？"

一旦客户说出心中的标准，你就可以借此机会对客户讲："其实，选择新中式风格的家具，一定要符合6个行业标准（不管客户说几个标准，你说的标准都应比客户更全面），否则，选择的东西就不一定适合你，也会花冤枉钱。"

其实，提问就是为了颠覆客户的认知，然后再给他一个新的框架标准，这样就会让客户的认知一直被你颠覆，让他感觉自己需要你专业上的指导。

第二，通过3大框架的各种手段引导一个人的感觉和信念，让对方意识到他原来的思想观念与选择判断方式并不是最好的。

特别提醒：在客户难寻的今天，成交率决定你的收益，只要你熟练运用谈单3大框架，就能提高成交率。根据我的经验，只要运用这些思维去谈单，见100个客户的成交数，就可以实现从以前的10个到80个的转变。

三 成功引导客户思维的 4 个前提与事先准备

到现在为止，你会进一步发现，我分享的谈单方法中并没有告诉你具体的一招一式，而是一直在讲底层逻辑。其实谈单需要运用大量的心理学知识，你只有足够了解客户的心理，才能更顺利地成交。

任何高级的成交，其实都建立在成功引导客户思维到你的思维的基础上。那么，如何成功引导客户思维呢？这就需要具备如下 4 个前提。

前提一： 你必须懂得在短期内把自己包装成客户心目中的专家。因为客户只有在认定你是专家、是导师的情况下，才会相信你说的话。

前提二： 你必须懂得专家的语言沟通模式，懂得设计有高度的专业知识理论体系（在后面的章节中，会介绍专家的沟通模式）。

前提三： 要有足够的自信。你要坚信自己的产品、服务、设计不比别人差，价值比别人高。你是帮助客户实现愿望、解决问题的，不是求着客户来买的，客户与你合作一定会收获颇丰。

但是记住，不要把希望放在所有人身上，你再厉害也不可能满足全世界的人，能获得部分人的认可就好，毕竟签单成功与否是个概率事件。

前提四：你必须对自己的产品与公司有详细的了解，你的设计理念要有前瞻性。

比如，对行业的发展变化情况的预测、经验、见解，以及对自身产品、竞争产品的了解，对大部分客户的痛点与渴望、疑问、担忧以及容易出现的状况、心理、行为观念等这些方面要有深入的了解。当对方感觉你比他懂得更多的时候，他就会对你表示认可。

这些往往来自你自己的勤劳——学习、调查、多跟顾客打交道。跟客户打交道的次数多了，你才会知道他们中会存在哪类人，有哪些情况、哪类问题、哪类思想观念和行为。

为了让你更好地运用这些理论，我列举了一些关于产品的知识和做设计必须调查、了解的问题，你至少要了解掌握这些内容才算比较专业。

（1）产品的材质。

（2）产品的结构。

（3）产品的功能作用。

（4）产品能带来的效果与结果。

（5）产品的使用方式。

（6）产品的特征与独特卖点。

（7）产品的生产流程、生产方式、工艺。

（8）产品的质量标准。

（9）售后服务包括哪些？

（10）顾客存在哪些痛点，容易出现什么问题？

（11）你的意向客户是哪类人？

（12）顾客在什么情况下才会消费？

（13）顾客选择购买你的产品的理由是什么？

（14）顾客拒绝你的原因有哪些，他曾经选择跟你合作的原因有哪些？

（15）你企业的来历或故事。

（16）服务顾客的成功案例有哪些？

（17）近几年来你们企业有哪些发展？

（18）企业大事件与发展变化过程。

（19）企业的外在形象是什么样的？

（20）企业什么时候获得过什么荣誉？

（21）有哪些实物可以证明你企业的实力？

（22）企业的规模有多大，有多少团队？

（23）权威机构对你的企业有哪些评价？

（24）你们公司为客户提供哪些保障？

（25）客户找你设计有什么优势？

（26）找你做设计的门槛与交易方式。

（27）公司的操作流程是怎样的？

（28）你们公司的收费标准是怎样的？

（29）你们公司提供的服务有哪些？

（30）你有什么过人的设计思维？

（32）你的竞争对手是如何做的，你和他有什么本质的区别？

（33）你的核心竞争力是什么？

除了掌握自己的产品或企业的上述情况外，还必须了解威胁比较大的竞争对手的这些情况。

当然，这些只是千万种问题中的一部分，你还可以根据自己的实际情况，列出更多的问题。

特别提醒：此时，你可以停下阅读的脚步，先根据本节内容，整理出自己现在所遇到的问题，然后把答案写出来。

引导客户思维之前必须要先了解客户的18个问题

在谈单中，要想引导客户思维，请你仔细阅读下面的18个问题并写出答案。

（1）客户当前的情况、处境是怎么样的（客户当前的经济能力、需求的强烈程度以及痛点有哪些）？

（2）大部分客户原本的观念是什么？

（3）客户一般有哪几类需求？他是哪种类型的人？

（4）客户之前用过哪些产品或者找过什么样的公司和设计师？

（5）客户是什么身份、地位？

（6）客户是什么职业？

（7）客户当前在用的产品是哪一种，用了多久，有哪些优、缺点？他为什么选择当前这种？

（8）客户的消费能力如何？他所能接受的价格会在哪个价位？

（9）客户遇到过哪些问题，多长时间了？

（10）影响客户购买决策的因素有哪些？

（11）客户的购买标准是什么？

（12）客户判断这类商品价值的逻辑是什么？

（13）客户担忧的是哪些问题？

（14）客户是否了解我这个人，是否了解过我的产品或者服务？

（15）客户看待问题是怎样的心态与思想观念？

（16）客户想要的感觉是什么？

（17）客户想要的使用方式或者体验方式是怎样的？

（18）客户想要的结果是什么？

如果这18个问题你在跟客户接触之前能够调查得到，就尽量先去调查了解，如果必须要面对面才能了解，那就在合适的情况下当面提问。

如果是客户主动来咨询的，你就可以直接询问，这样的话客户会觉得你很专业，能问出那么多问题，同时也会认为你真诚、负责，而不是在对客户完全不了解时就直接开始介绍产品或者谈设计。

圈内有一句话：谈单就是发问。这句话总结得很好。只有先了解客户，你才知道应该给他植入什么样的思想观念，从而给不同观念的人提供不同的专业知识和理论体系，让他们去选择，这样才能让客户对你的产品或者服务有不同的价值观和购买欲。

如果不是客户主动来咨询，而是你主动出击的话，想要了解客户，让他告诉你心里话，就必须在三句话内精准地找到客户的痛点、目的，或者让客户感觉需要你的指导。这个过程中，最关键的一点是，你必须要体现出自己的专业程度，只有这样才会让客户愿意跟着你的思路走，否则你就会处于被动地位。针对主动找你了解情况的客户，你在回答他的疑问之前就得先掌握主动，询问上文的 18 个问题。

比如，一般情况下，客户刚开始都会询问东西的价格，但是不管你如何报价，客户都会觉得贵或者便宜。这时，你就要学会变被动为主动。

你应该这样回答：请问你选择这个东西的衡量标准是什么呢？

然后再把以上 18 个问题中的答案根据实际情况表达出来，这样就不会让你陷入被客户牵着走的境地。

练习作业：请你写出以上 18 个问题的答案。

5

第三布局系统
——欲望布局谈单策略

一 谈单成交的 23 条底层逻辑

　　一切谈单都以成交为目的。以下是谈单成交的 23 条底层逻辑，需要你去理解，并且把它们运用到实际的谈单中。

　　（1）如果只给客户讲理论，他虽然觉得有道理但不一定会付诸行动。只有看到别人行动，他才会行动。且行动的人越多，越会给他动力。

　　（2）当一个人看到已经行动的人得到了真正想要的结果时，他就会跃跃欲试。比如，很多人复购或者预购的场景、现象，成功案例或者真实故事等。

　　（3）当一个人看到已经在行动的人都在抢限时、限量的东西，他就会产生立刻行动的欲望。

　　以上讲的是稀缺性、紧迫感，你让别人看到很多人都在行动，并且以前行动的人都已经得到了满意的结果，而现在行动名额有限、数量有限或者优惠的机会有限，这个时候他就更想行动了。

　　（4）始终让对方保持关注和参与状态，他的行动力会更强。

　　这句话是什么意思呢？比如说，有一批"粉丝"之前一直关注我，关注了很久，今天我组织某项活动，让他们都参与进来。

如何参与进来呢？比如，我给你提出几个问题，你只要在下面留言就有机会获得奖品，这就是参与。

（5）如果一个人知道自己的痛点是什么，知道不去改变会带来一系列的损失与不好的结果，或者由于看到与自己同样处境的人、事、物的一些案例而产生痛苦与恐惧，他就会有行动的动力。

这时就可以通过讲故事的形式介绍你的产品，比如讲述一个与目标客户痛点状况类似的故事。某人遇到过什么情况，事情的起因、经历的过程如何，又是怎么接触到你的，在与你或者与你的产品信息接触的过程中发生过什么心理变化，链接上你的产品，故事里面的人使用前的状态与损失，使用过程中的感受，使用后的感觉、结果、行为现象的改变以及见证。

（6）人的本性是追求更美好的事物，要想给一个没有强烈需求的人创造需求，你就必须强化你的卖点，激发对方的欲望。强化你的卖点，就是在服务的领域超越一切对手，描述或展示出你的与众不同。

（7）当一个人发现有人能解决自己最关心的问题，有更好的方式帮自己获得想要的结果、感觉的时候，就会有欲望去了解、去行动（特别提示：必须是在对方信任你的前提下）。

（8）当一个人发现某物对自己很有价值且机会难得的时候，就会产生欲望。

（9）当一个人发现自己即刻需要的、喜欢的、合适的、渴望的、能够消费得起的、能够满足购买决策因素的、更高级别的、流行的、免

费的、很多人都说好的、有影响力的人或者单位都在用的、新鲜的、好奇的、恐惧的、有趣的、有危害的、高大上的、与众不同的、很多人关注的、直击自己痛点或者渴望的东西时，他就会产生行动的欲望。

（10）当一个人知道一种商品原本卖多少钱，突然发现这件产品的价格下降一半或者比平时低时，他就会产生购买的欲望（注意：必须要有充分的降价理由，不能让客户误以为你的产品过时了或者变质了）。

（11）当一个人发现销量大的、很多人都给出好评的产品时，他就会有欲望去了解与行动。

（12）当一个人看到商店里曾经了解过的某种原本高价销售的产品，突然做活动大幅度降价，并且限时、限量、限制人数时，就会产生行动的欲望。

（13）成交其实就是营造一种大家都在行动的氛围。

其实这点就涵盖了前面几点。那么，如何才能达到目的呢？首先，你必须拥有一个圈子与沟通的渠道，把需要影响的这些人拉到一起来，形成一个能够面对面的圈子，或是进入某一个社区、某一个平台，彼此大家都能看得到，这样才能营造想要的氛围。所以，无论是地面（现场活动），还是网络（空间、论坛、微信群、QQ群等），你必须有一个圈子，把这些人圈进来，形成一个可以有效沟通的渠道。

目前有一个社群营销的方法可以实现快速签单。我测试过，一周内至少可以通过社群成交100单，这就是利用社群看得到的氛围来完成的。

（14）不能否认，大部分人都想实现财富自由、追求健康安全、彰显身份感等。如果你能让对方在没有风险的情况下获得其中一个或两个好处，就能引导对方行动起来。

（15）如果一个人在做交易前体验到或者尝到了甜头，他就会有强烈的欲望持续行动。

（16）卖点见证展示。告知对方你的独特卖点是什么，能起到什么作用，与众不同的地方在哪，并描述与展示出使用后的效果、功能、作用、变化过程、现象、感觉、结果、场景画面等，通过这些给对方植入感觉或概念作为卖点见证。

运用这个方法时需要注意以下两点。

第一，每提炼一个卖点，必须描述与展示出使用后的数据量化价值。

第二，了解顾客的需求痛点、处境以后，必须把你的卖点与使用价值跟顾客的问题对号入座，让对方觉得这正是适合他的，否则你的产品或设计再好，别人也会感觉跟他没关系。

（17）想要激发对方的购买欲，必须改变对方的思想观念、价值判断逻辑、选择标准和选择方式，让对方产生新的认知，跟你的思想观念一致（运用前面讲过的方法）。

（18）针对客户的痛点、需求、处境、情况以及消费能力，提供与众不同的解决方案，把你的产品放入这个方案里面成为一个不可缺少的环节，与对方的问题对号入座。

（19）要想激发对方的购买欲望，可以传递一种如果不行动会导致严重结果或者利益上的损失的信号。可以是图片、视频、文字、画面场景的效果、故事等，还可以是已经受益的人与还没有行动的人的

状态数据对比，从而让人产生购买欲。

（20）人只会为价值买单，所以你必须学会利用价值包装系统包装出超越竞争产品的独一无二的价值，直击目标顾客的内心。

（21）人是感性动物，大部分人的购买欲来自感性决策，所以你在介绍产品的时候，一定要以描述产品的某一个功能用途、某一种卖点在其他顾客使用过程中以及使用后所带来的非凡感受和场景画面去调动他的视觉、听觉、触觉、嗅觉或味觉。

（22）人的大脑都会排除复杂的东西，所以无论是产品还是你想传递的信息，如果想让顾客有欲望去了解或者使用，就要尽量以简单明了的方式去表达。

（23）人只会对适合自己的东西产生行动欲望。请问你的产品是为目标客户量身定做的吗？

欲望布局之产品介绍、价值包装 3 大组合技法

要想让客户产生购买产品的欲望，对产品的介绍尤为关键。下面是欲望布局之产品介绍、价值包装 3 大组合技法。

（1）产品的功能特征。

（2）产品的价值感。

（3）产品的价值感 + 人性。

这 3 个层次是层层递进的关系。它们环环相扣，也是谈单高手们不愿透露的技巧。

下面，我来解释一下价值、价值感、价值感 + 人性分别是什么意思。

价值： 产品特征、功能、性能、效果。

价值感： 给别人带来的好处。

价值感 + 人性： 顺应人性，满足客户需求。

我们明白了上面 3 个层次的词的表面意思，看似非常简单，其实威力十分巨大。

案例：销售一款软件。

（1）从产品价值的角度来介绍。这款软件可以实现

自动付款、自动开通会员。

（2）从价值感的角度来介绍。付款后，系统可自动开通 VIP 账户，真正实现 24 小时自动赚钱，无人值守，解放您的时间，轻松赚钱。

有没有感觉通过价值感的描述使产品立刻变得不一样了，我们来看下面的第 3 个层次。

（3）从价值感＋人性的角度来介绍。付款后，系统可自动为您开通 VIP 账户，真正实现 24 小时自动赚钱，无人值守，从而解放您的时间，轻松赚钱。以前三个员工轮班，现在只需要一个软件就能完成 3 个人的工作，真正实现了省时、省力、省钱的宏伟目标。今天您只需要支付一个员工一个月的工资 3999 元，就可以免费使用 12 个月，您说值不值？

先不要高兴，这个 3999 元的名额刚刚收到通知，已经没有了。但是我们还有另一条优惠通道，仅有 10 个名额，售价是 3980 元。如果您想要这个名额，我可以给您留一个，但是购买此套餐必须有一个条件（这里可以自己加条件），这个优惠通道将于明天下午 5 点关闭。

看完之后，有没有什么感悟？当然，里面包含了很多知识点。

1. 从产品价值的角度来写

自动付款、自动开通会员。这里就是简单罗列产品的功能特征，不再赘述。

2. 从价值感的角度来写

付款后，系统可自动开通 VIP 账户，真正实现 24 小时自动赚钱，无人值守，从而解放您的时间，轻松赚钱。可见，这个价值感是由特

征 + 好处组成的。产品的特征很好写，但是好处具体怎么写呢？我传授给你一个小绝技。

先把产品的特点功能全部罗列出来，然后套用**"因为……所以……"**这个句式，"所以"后面的就是好处。写的时候多去总结产品功能特点给客户带来的好处，哪怕是很小的点也要写下来。慢慢地，你的总结能力就提高了，谈单成交转化率自然而然就会提高。需要强调的是，这里说的好处一定要针对客户实实在在的需求来写。

3. 从价值感 + 人性的角度来写

理解这个模式，可以利用下面的公式。

价值感 + 人性 = 特征 + 好处 + 顺应人性

特征和好处比较容易总结，下面主要介绍可利用的人性特点。

（1）大家往往不珍惜能轻易得到的东西，当失去这个东西的时候才会追悔莫及。

（2）意识前瞻性。正如上文的案例，当客户有机会抢这个优惠名额的时候，他可能会犹豫。为了让客户立马行动，我们要制造一个状况，说特价软件名额没有了，这也证明了这个软件特价名额很抢手。他此时肯定有很大的挫败感，如果再给他第二次机会，他肯定会抓住。

这个时候我们再给客户第二种选择。其实这才是我们的真正意图，第一步只不过是做一个铺垫。当第二个购买通道出现的时候，他会立刻抓住这个机会，顺便完成我们布置给他们的任务。此时，我们利用的就是意识前瞻性。

 **欲望布局之画面感塑造**

在第一节中讲过，要更好地实现成交，就要学会充分调动人的感性决策。而画面感的塑造，就是一种调动感性决策的有效方法。

情景画面描述的核心，就是围绕着你要给消费者植入的产品的感觉，描述出对方从看到产品到接触产品，再到使用产品，再到使用完以后所能切身感受到的或者所能看到的变化过程、现象、特征效果、作用、氛围、变化的结果等。也就是说，要通过场景画面的描述去刺激对方的视觉、听觉、触觉、嗅觉、味觉，把消费者带入这个场景。

案例一：

刚出炉的脆皮月饼，即使被黄灿灿的外皮包裹着，也掩盖不住浓郁的月饼香。用刀子切开酥酥脆脆的月饼皮，你看到了什么？你肯定看到了香脆的花生、芝麻配上让人垂涎的浓郁的玫瑰酱，实在太美味了！

哇！还有果肉丰满的原味果脯，让你仿佛闻到了满树果子的清香。月饼虽小，但是承载着60岁老母亲对你们一家团圆的祝福，她说，最原始的才最有月饼的味道，最有家的味道。

听者的脑海中是不是出现了这种画面：香喷喷的、色泽诱人的月饼摆在了你的面前，你用刀子把它切开，露出了美味的月饼馅，月饼香芬芳四溢。你垂涎欲滴的时候，想到了一家人围在一起其乐融融吃月饼的场景。

案例二：

如果你的客户属于视觉型的人，那么你描绘画面时就要多用一些视觉型的词汇，比如大小、颜色、形状等。

例如，你要向别人推荐别墅，可以这样介绍：想象一下，你住在这栋别墅，早晨起来一推窗就可以看到蔚蓝的大海和一望无际的浅金色沙滩，再看那洁白的海鸥正在大海与天空鲜明的分界线上自由地飞翔。

案例三：

如果你的客户属于听觉型的人，那么你描绘画面时就要多用一些表示声音的词汇，例如：滴滴答答、咔嚓、扑通，以及悠扬的乐曲、爽朗的笑声等。

例如：你听着悠扬的乐曲，配上一壶清香的绿茶，看着海边自由飞翔的海鸥，这样的情境是如此的美好。

案例四：

如果你的客户属于触觉型的人，那么你描绘画面时就要多用一些包含动作和形容触感的词汇，如抓住、用力、温暖的、柔和的、结实的等。

例如：你用手来摸一下，这件衣服的绒毛是多么的柔软细腻，而且摸着也很厚实，穿上去之后全身立刻温暖了，在寒冷的冬天披上它，就像守着热腾腾的小火炉一样。

 欲望布局之挖掘客户需求的方法

1. 对没有需求的客户进行挖掘

对这类客户的挖掘，需要用到需求的 3 句提问法。以智能家居对人们未来生活的影响为例。

第一步：提出一个众人都认可的、大部分人群都存在的痛点问题，让对方感受到自己目前的困境，还绝对地认可你。

客户痛点分为两种。

（1）显性痛点：看得见的、自己意识得到的痛苦。

（2）隐性痛点：自己没有意识到的，但是当发现了更好的解决办法的时候，就会意识到自己原来的想法不够好，因而产生痛苦，想要追求更好。

挖掘顾客隐性痛苦的办法有以下两种。

① 让客户看到能解决他问题的更适合、更好的办法或者产品。

② 让客户意识到他当前因不够好而导致的一系列损失，可以帮他计算出来对比，另外再给他讲一些与他处境相同或者使用相同产品的人遭遇的负面结果，并且跟选择你产品的这些人如何轻松实现更好的结果去对比。

涉及的语言技巧：根据你的产品所能解决的问题向客户介绍你的产品对他们的重要性。

比如你可以说：随着生活品质的提高，智能家居系统将会成为每个家庭的生活必需品。就像手机一样，未来每一个家庭都离不开智能家居系统。你想知道它是如何提高你的生活品质的吗？

第二步：从事实衍生出新的问题。

涉及的语言技巧：摆出事实，对比分析，衍生出新的问题。

比如：既然智能家居将会成为未来每一个家庭生活的标配，那么，你知道智能家居系统包括哪些吗？

第三步：提出一个开放式的问题，把这个事实背后隐藏的问题与你的产品关联起来。

涉及的语言技巧：问对方如何确保完美解决这个问题，也就是挖掘顾客存在的问题，让对方意识到原来自己有问题，而且不能独自解决。

当前面说了各种智能家居系统的使用后，你就可以提出问题：某某先生，请问你家现在家是用什么来控制家居灯光的（这里可以提出很多问题）？

特别提醒：这里是教你挖掘需求，而不是去了解需求。请记住一句话，永远不要去问顾客想要的是什么，因为顾客在不同的情境下，面对不同的人时，其想法、说法会不一样，你要了解到他的痛点是什么。

2. 对已经购买产品且正在使用的客户进行挖掘

如果是已经购买过产品的客户，你只需要掌握下面五句话，就可以

从他身上得到更多的信息，从而达到使其重复购买的目的。

（1）您当前使用的产品是什么？

（2）最喜欢现在产品的哪几点？

（3）喜欢的原因是什么？

（4）如果未来有更好的产品，你希望比现在哪些方面更好？

（5）为什么这些方面对你那么重要呢？

五 欲望布局之概念包装公式

概念包装的技巧就是加强效果，用一系列形容词去比喻，让别人感受到你的产品的优势，激发顾客的购买欲。同时这种表达必须符合事实，能够与竞争产品区分，形成一个独特的概念。

比如，牛奶在肠胃里可以被吸收，吸收其实是以前提出来的一个概念，现在加强一下，叫作双重吸收。这就是把某个已有的概念强化、升级。

我用过的一个设计概念：软装设计，让你爱的人爱上回家。而这个"爱上回家"就是让别人感受到你设计的优势是什么，可以激发客户的签单欲望。

易配者软装学员的概念包装：易配者软装学院，让软装设计师实现百万年薪。而"百万年薪"就是一个让人渴望达到的目标。

易配大师软装设计交易平台的概念包装：易配大师，让软装行业没有难做的生意，在易配大师，我帮你赚钱。

其实，概念的包装有很多方法，要点是客户想要什么，竞争对手跟你之间的差别是什么。只要围绕客户的痛点去升级你的概念，就能够很好地实现签单。

概念包装公式：

某种技术或行为方式（差异化）＋作用效果细化讲解＋顾客想要的感受＋你的产品名称＝概念名称

目的： 强化效果，区隔竞争，击中客户痛点。

从上面的案例中，你应该可以分析出来了吧？做软装培训的机构很多，我们之间的区别是什么呢？学习软装最终的目的就是为了提高收入，实现百万年薪的愿望。同样，易配大师软装设计平台也是如此。在国内，能够提供软装在线方案制作、软装产品供应链的平台很多，而我跟他们的区别是什么呢？

所以我提出了一个共同的需求："让软装行业没有难做的生意，在易配大师，我帮你赚钱"。

现在你可以根据自己的行业、职业、工作内容、设计方案等，按照这个包装公式，包装一个概念成交方式。

6

软装谈单成交
表达技法

一　谈单表达法之高度词表达技巧

在前面介绍了谈单的 3 大框架。其中，框架一是重塑心灵架构，关键点是：**如何在短时间内把自己包装成一个行业专家。**

那么，如何设计一套专业的知识理论体系跟客户交流，让人认定你就是一个专家，从而按照你的观念和做法以及标准去做决策呢？这就需要掌握专家的语言沟通模式以及用词。

下面系统介绍在谈单表达法中高度词的运用技巧。

什么叫作高度呢？

你说的话是否有高度，就是你说出来的话能不能在别人心目中形成影响力，让人感觉你是一个能力超强的角色，彰显你的智慧、成就以及身份等。

因为人们更崇拜和信任有高度的事物，所以我们说的每一句话，讲的每一个词都要把高度体现出来。

既然如此，我们在谈单的时候就要学会运用这个技巧，让客户感觉我们很有高度。

那么，如何表达才能有高度呢？

案例一：装修业务介绍。

你给顾客介绍装修业务时说装修分为两种类型，一种类型是便宜一点的，另一种是比较贵的。**"便宜"和"贵"有没有高度？这样的表达方式会让人觉得有高度吗？**不但没有高度，反而会让客户听了有不舒服的感觉。

作为销售人员或者设计师，切忌使用这样的表述：**"这个产品贵，那个产品便宜，这种装修贵，那种装修便宜"**，我们必须把"便宜"和"贵"重新包装一下。

那么，能把贵包装成什么呢？可以包装成**"视觉派"**。

便宜的呢？就包装成**"实用派"**。

这个时候，你可以跟客户说，先生，我不得不向你报告一件事情，其实装修分两大流派，一个是**"视觉派"**，一个是**"实用派"**。

什么是视觉派呢？

"视觉派"就是在整个设计装修的过程中，我们追求的是自我的感觉，在材质方面要求比较高，所以**"视觉派"**相对而言就比较贵一点。

什么是"实用派"呢？

"实用派"就是完全按照你生活的实用性和方便性来做，在我们可控制的范围内，这个相对而言便宜一点，不知道您想要视觉派，还是实用派？

当你这样去表达的时候，就比直接说"便宜"或"贵"更有高度。并且可以让客户对你的产品和服务产生新的认知。

特别提醒： 高度词的核心运用技巧就是表达不同、本质相同。

本质相同就是把别人说的话用一个有高度的词语描述出来，再解释这句话的意思。

案例二：两种类型的女孩。

我们再来包装一个概念。女孩子有文静一点的，有泼辣一点的。如果你对别人说：我发现女孩子可以分为两种类型，一种是文静型的，一种是泼辣型的。你感觉这句话有没有高度？你这样表述的时候，相信听到的人大多数都会想：这个需要你来告诉我吗？谁不知道呀。因而这种表述就没有一点高度。

我们如何把这个高度塑造出来呢？

只需要给"文静"和"泼辣"重新换个说法即可。比如把"文静型"命名为"苹果型"，把"泼辣型"命名为"橙子型"。

这个时候你说：通过我的观察发现，女孩子可以分为两种类型，一种是苹果型，一种是橙子型。 苹果型的女孩比较文静，像苹果一样清淡爽口，还有一点甜味。橙子型的女孩属于比较泼辣的，像橙子一样，牙齿不好的还受不了，但是回味无穷。

当你这样说的时候，别人是不是感觉你说得很有水平、很有高度呢？

你的专业水准马上就显现出来了，这就是所谓的词语的塑造包装。很多时候，给一个很普通的东西取个有品位、有高度的名字，你就很容易成专家。今后，你再给别人讲某设计概念或产品的时候，就可以按照这种方式去表达。

案例三：设计师如何破解客户总是改图的问题。

设计师总是会遇到客户说，能不能修改一下设计图，我想看看更好的效果，能不能调整一下这个地方，能不能改改那个地方等（其实客户心中没有绝对好看与否的标准，只是想改改而已）。

如果你对自己的设计已经很满意，不想再改，或是改后效果不如当前的好，这个时候，你应该怎么办呢？你要是说不能修改，客户就会不舒服，甚至会造成你们之间的对立。

你应该对他说，你知道装修设计中的 4 个设计标准吗？他就会问这 4 个设计标准是什么。然后你就可以把你的设计理念与图纸结合起来告诉他，为什么要这样设计，为什么要选择这个花型，为什么要选择这个材料，为什么要选择这个颜色等。

当你能讲出一套理论，让他感觉你的水平很高，并且从你的介绍里学到东西以后，你就不需要改图纸了。

那么，如何设计一套属于自己的理论呢？在后面的章节中会介绍。

哪种类型的词语是高度词呢？

高度词就是我们印象里非常有品位或权威性的词，比如风范、尊贵、雍容、钻石级、皇室、独尊等。

比如：最近两年比较流行新中式风格，如果你只说新中式风格，给人的感觉就没有高度；假如你说宫廷新中式、典雅新中式等，就会让人感觉不一样（这里只是举例，具体应用还需要你去发挥想象力）。

 谈单表达法之名词表达技巧

上一节中介绍了用高度词重命名的表达技巧，下面主要介绍名词的表达技巧。

例如你在给客户讲设计理念的时候说："你家的客厅我是采用'现代心理学设计法'来设计的。"这样介绍的话，客户的联想可能就会干巴巴的。如果你说："你家的客厅我是采用'现代心理学设计法'来做的，融合了设计美学、色彩心理学、空间心理学，目的就是让你在这个空间中生活时能够赏心悦目、放松心情、增进家人感情。"这样客户就会感觉你的设计很好。

其实，这种耳熟能详的、有高度的名词还有很多。把这些名词有效地运用到上一节中高度词的后面，就能有效提升你所表达内容的高度。

比如：我有本书叫作**《设计师成名接单术》**。这里"接单术"就是一个名词，"成名接单术"就是一个重命名的高度词。这样的书名，给人的感觉比单独用一个名词要有高度。

特别提醒：学习是为了运用，现在请你根据自己所从事的行业、职业，写出能用于谈单的有高度的名词。

谈单表达法之动词表达技巧

什么是动词的表达技巧呢？

在上两节中讲了高度词、名词，现在讲动词。谈单使用的动词应非常有冲击力，让人听了就有一种想马上行动的感觉。

例如，现在营销文案中用得比较多的，引流、爆破、拓展、立刻、行动、追踪、引爆、推动、驱动力、涌动等。

你在给客户讲设计方案时，就可以用有冲击力的词语，比如"在这个客厅空间中，视觉冲击力的爆破点为油画，具有快速拓展空间的作用"。

其实，用动词去表达的时候，总是给别人一种触动力。

为什么很多设计师讲方案的时候，总是平淡无味呢？

如果客户没有足够的欲望听你的设计理念，那是因为你的话语没有冲击力。

例如：在这个家居空间中，我为你专门设计了具有时光穿梭感的过道空间，当你走入这个过道的时候，就有一种**"驱动力"**，让你渴望探索即将进入的空间是多么**"神奇"**。

在客厅的设计中，我采用了**"新""奇""特"**的艺术表现手段，为你营造了一个**"涌动"**的空间，为原本乏味的生活增添了无限乐趣。

到底是如何设计的呢？

我在你家的客厅空间中，设计了三大功能系统，包括客厅家庭影院系统、智能背景音乐系统、智能 KTV 娱乐系统。

让你在工作之余，回到家中，还能享受更精彩的生活……

上面只是一个简单的例子，即在所表达的普通语句中，通过各种词语的运用，塑造一个让客户可以想象的画面，构造一个让客户向往的居住空间。

如果你渴望更好地签单，请多学习，寻找专业的表达词语，并且学会运用本章中的表达方式，激发客户的欲望，引导客户，达到成交目的。

特别提醒：请你现在立刻停下脚步，花一个小时的时间，写出你认为有冲击力的动词，然后想想如何将其运用到谈单的表述中。

谈单表达法之符号表达技巧

在谈单的表达中，符号是什么呢？

就是用字母英文、数字等来表达的一种形式。

比如现在你写出几个英文字母，分别是 TBS、FTP、5P，你就可以在谈单的时候说："我给你设计的这个方案中，运用了国际 TBS 设计标准，FTP 软装搭配系统和 5P 智能生活系统，打造一个未来之家。"

这里的 TBS、FTP、5P 其实就是符号的运用，当你把这些符号运用在谈单中的时候，就能让客户瞬间感觉很高端。

虽然这些符号都是我根据相应的英文单词首字母组合而来的，但这些符号出现在我们的表达中时很有魅力。

下面回顾一下前面 3 节中学习的知识。

第一个是高度词的运用。高度词就是听上去有高度的词语，比如独门秘方、贵妃养颜茶。

第二个是名词的运用，就是运用大家都知道的有一定高度的名词。

第三个是动词的运用，比如运用爆破、推动、驱动、

影响等词。

第四个就是符号的运用，包括运用数字、英文字母等一些字符。

比如，你要向客户表述你们的售后服务很好，不能很直白地只说这句话，这样的话没有任何高度，吸引不了客户的兴趣，更不能引导客户深入了解。

你应该说：为了让整个售后服务体系做得更到位，我们积极主动树立行业标杆，做出了"4+2"服务管理体系，通过 4 个层面和 2 个核心服务来为您实现价值服务。

希望今后你在谈单时所说的话不再跟其他竞争者如出一辙，而是有很多高度词。这样，虽然你跟其他同行讲的是同样的内容，但是你的表达却能给人很高端、很有文化的感觉，客户追求自我认可的心理需求也会得到满足。

五 成长定式思维客户自我说服法

我经常在线下课程中说，谈单的时候，要学会让客户自己做选择题，让客户选择自己认为对的东西，而不是你强加给他的。

成长定式思维客户自我说服的过程其实就是一个人心理变化的过程。我们从小到大，一直在学东西，而我们学到的东西很多都是从一个词语开始的。

比如：小时候老师教我们用词造句，通过老师的讲解，我们学到了这个词语的正确表达方式和背后的含义。我们看书的时候，也是通过看文章里面的词语来理解意思。有的时候你看到一些很好的词语或者成语，但是不理解它的意思，查字典、词典，看到解释以后会感觉非常开心。

这就是人的天性，也是人长期形成的思维定式，就是当我们不理解一个东西时，有一个人给我们解释清楚了，我们就感觉学到了很多东西，这种感觉已经深深地植入了我们的潜意识里。

这也是我在前面讲包装词语表达的原因所在。这种词语的塑造、包装能够让别人在最短的时间内感受到你是专家。

就像前面的案例中讲的，你说女孩子分为泼辣型和文

静型，别人会觉得你没有水平，因为这是大家都知道的事情。只有讲大家不知道的事情，比如苹果型和橘子型，才能引起别人主动探究的兴趣，这就是顺应人的思维定式。

如果客户在跟你沟通的过程中，总能学到东西，他就会认定你是专家。当你在客户的认知里成为专家时，他就会自我说服，找你签单，这就是成长定式思维客户自我说服法。

六 关键点式语言模式表达法

不知道你有没有感觉到，你听一些人讲话时，听了半天，都不知道他在表达什么。这是因为他没有用关键点式的语言模式去表达。

要想在谈单的时候，让客户快速听懂你的意思，只需要学会运用关键点式表达模式即可。

关键点式表达模式就是在向别人讲述事情时，要用第一点是什么、第二点是什么、第三点是什么的方式来表达，把层次讲清楚。

比如，在装修设计中有两个行业标准，一个是视觉型装修标准，一个是全案型装修标准。

再比如，有一个客户买窗帘，你在向他表达窗帘选择的重要性时，应该说：窗帘的选择要从 4 个角度切入，然后展开说明每个角度分别是什么。

当你能够用关键点式的语言模式去表达的时候，客户就很容易听进去。如果你能把前面讲的高度词应用进去，就能更有效地吸引客户，促成交易。

例如，谈单的时候，你不要说，这是我们的设计方案。而要说，这是我们团队经过 3 天的市场调研，运用了 3 个核心价值观设计出来的方案。

对比之下，第二句话是不是感觉很有高度呢？

再举一个简单的例子，我在介绍本书的时候说，我在书中与你分享多年谈单的心得，这个说法听起来就没有任何高度。

如果我说："本书将与你分享我用 10 年时间研究得出的关于软装行业谈单成交的秘诀，你只需要掌握底层逻辑，就可以像我一样轻松签单。"这样说是不是更吸引你？

特别提醒： 我这里介绍的方法并不是教你用虚伪的、"高大上"的词去掩饰你根本没有做的事，从而让客户跟你签单，而是让你在前期做更多的功课，在谈单时把这些功课展示给客户。

七 两大嵌入式语言模式表达法

嵌入式语言表达分两种，一种是自主嵌入式，另一种是外来嵌入式。

1. 自主嵌入式语言表达模式

你有没有发现，很多人在表达一个观点的时候，都喜欢这样说：我感觉……我认为……很多设计师在谈单的时候也是用不是很肯定的中性词来表达的。

但是，我现在告诉你，专家是不会这样表达的。只要你说"我感觉""我认为"别人可能就不会把你当专家，因为这样的表达方式不符合他潜意识里对专家的认知。

那么，专家是怎么表达的呢？他们往往这样说：通过我的研究发现……通过我的分析了解……

你要把"我感觉""我认为"全部屏蔽掉，换成"通过我的研究发现""通过我的分析发现"这类的语句，甚至你要说"我通过研究 10 年设计行业发现""我通过研究 1000 位业主发现""我通过研究 1000 个样板间设计效果发现"等。

因为在普通人的认知中，只有专家才会研究、分析。如果你也把经验总结成分析和研究的结果，那么别人在潜意识中就会认为你是专家。

在这里，我不是教你夸大事实骗取客户信任，而是要你在平时就多积累、多研究，这样才能在介绍产品时不被客户问倒。

除此以外，你还可以加入更多的高度词、修饰词。比如：我研究发现，通过总结发现，我通过 10 多年经验总结发现……你一定要用这样的句式做总结探讨，这就是自主嵌入式语言表达模式。

2. 外来嵌入式语言表达

说话要想有高度、有权威性，可以借助外来的力量。比如说，《孙子兵法》的第二篇里就讲了刚才我说的某某方式，《纽约时报》曾经有过类似的分析等。可以把外来的、权威的、符合逻辑的事实、现象、数据里面的东西跟你所讲的内容联系在一起，画上一个等号。比如，根据史料记载，中式风格的装修设计讲求天圆地方，这是老祖宗设计哲学的体现。

八 分类式谈单成交术

分类式谈单是什么意思呢？

在这个世界上，任何事情都可以分类，而且在很多人的心里，类别是不清晰的。如果你能把对方内心的感受或者所知的事实重新分类并且重新命名的话，那你就成了他心目中的专家。

案例：把现在的装修风格以分类的形式介绍给客户。

你说，现在市场上有很多装修风格，而当下最流行的风格分别是新中式风格、北欧风格、轻松风格、极简风格等。但是这些风格都是大众经常听到或在网上经常看到的，也是行业内都在做的，客户并不会感兴趣。这个时候，你就要学会对这些流行的风格进行二次分类。

比如，把新中式风格按照感觉进行分类，如乡村新中式风格、典雅新中式风格、白领新中式风格等，然后把这些风格的特征都整理出来。

当有客户来找你做新中式风格的时候，你就可以对客户说："我们通过多年的研究发现，针对不同社会地位的人，我们应该设计不一样的感觉，即使是新中式风格，它也分很多类型。如果您有兴趣的话，我先了解一下您的职业、爱好、家庭成员，然后再根据你们家的实际情况，精

准匹配适合您家的装修设计方案，您看怎么样？"

这个时候，客户就会很有兴趣跟你聊，再通过你讲的专业知识，在心里认可你，从而顺利签单。

那么，如何进行包装和分类，让你所说的能引起客户兴趣呢？

还用上面的案例来说明。

第一步：搜集几百张经典的新中式风格的图片。

在网络上搜索"经典新中式风格装修"，找出那些顶级的设计方案，把你感觉视觉效果特别好的图片保存下来，一共四五百张。

第二步：不断归纳、并列、分类。

图片搜索出来以后，先将其分成几大类。然后，再根据专业知识，从材料、特征、色彩、类型、元素、视觉感受等方面进行划分，把每个大类分成不同的小类。

你是否注意到，在这个步骤中，你既学习了大师的思路，提高了自己的专业水平，又形成了自己独特的体系，这是大师都没有发现的体系。

第三步：高度命名。

分类之后，你需要给他们拟一个带有高度词的名字，最好每个类型都有精准的、与众不同的命名，这个时候新中式风格的设计就有多种类型了。类型出来了，你要介绍的内容也出来了。

第四步：写出每一类的特点。

从第一个类型开始，看它们有什么共同的特点与规律，给人什么感觉，或是看它们有什么作用和意义，一一写出来。当你写出几十条之后，看看哪些可以合并，把它们合并在一起，最后提炼出十几条很有代表性的。

把这些分类总结出来后，你独特的谈单理论体系自然就形成了。

在这一步中，如果你能写出的只有几条，而且不是很新颖、独到，你就要反思一下自己在专业上是不是需要学习和提升。

第五步：分享你的理论体系。

你的专属理论体系形成以后，就可以和客户讲了。比如说，新中式设计风格分五大类型，第一大类型是什么，第二大类型是什么……如果想设计出第一大类型要怎么做呢？

有三大方法，分别是什么。使用第一大方法要达到这个效果必须从哪几个方面入手，第二个方法必须从哪几个方面入手，也就是第四步时你归纳出来的那些内容。

这就是谈单理论体系的形成。这个体系非常重要，应用它对于没有太多阅历的设计师来说是边提高自己边谈单的过程；对专家级设计师来说，是形成自己独特风格的过程。

分类式谈单的秘诀是：分类＋重新命名包装。

九 路线式谈单成交术

什么是路线式谈单呢？

任何事物都有一个发展的过程、路线、轨迹，就像人都有成长的过程。比如我在讲课时提到的路线方式：我把中国装饰行业未来 10 年内想要盈利必须走的 4 大路线归纳出来了，然后再逐条讲解。

案例一：软装培训行业化解顾客忧虑。

我们是做软装培训的，经常有学员咨询，学习我们的课程，能达到什么样的程度？这个时候，我们只需要告诉他，成为一个软装设计师，需要经历 6 个阶段，但是根据定位的不同，不一定所有的阶段都必须经历。

如果是一个门店的销售，只需要掌握软装设计的基础知识，运用色彩、风格、软装方案制作、软装谈单营销等基础知识就可以了。这样的话，只需要学习我们第一阶段的课程即可。

如果想深入学习，谈下更大的单子，就需要学习第二阶段的软装产品选配课程、第三阶段的空间布局课程、第四阶段的智能家居与装饰课程、第五阶段的个人知名度提升课程。

如果想成为一个名人，做设计工作室，接几百上千万元的项目，就必须把 6 个阶段的课程全部学完，最终成为让客户主动邀请的知名设计师。

那么，我想问你，你现在处于哪个阶段呢？

这个时候，客户就不会再纠结于我们的课程能帮他达到什么程度，而是在想，自己处于什么阶段，需要学习什么。

你要学会灵活运用自己的产品，进行路线的规划，让客户在你指定的路线里面做选择。

特别提醒：路线可以是路线图，可以是导图，也可以是阶段。

案例二：室内装修设计发展的 3 个时期。

我根据客户的需求把装饰行业的发展分为 3 个时期。

第一个时期是功能型时期。就是房子只需要简单的粉刷，安装好水电，能居住就行的时期。

第二个时期是艺术型时期。这个时期的典型特征是装饰材料开始丰富，人们生活水平提高，开始追求豪华的装修，需要更好的材料来表现。

第三个时期是品位型时期。这个时期的人们不再追求豪华的装修，而是需要在简单的同时能够展现屋主的艺术审美和品位，讲求生活的舒适度和愉悦感。

当你把这 3 个时期讲完以后，就可以通过图片展示给客户看。当他看完 3 个时期的装修风格以后，就知道如何选择了。

其实，讲这 3 个时期，目的是成交全案设计，让客户不要只做装修，而是装修和软装一起做。这个过程是在客户并不反感的潜移默化中完成的。

十 选择标准谈单成交术

选择标准是一个非常重要的谈单手段，在营销行业有这样一句话：**"谁能够制定行业标准，谁就能够成为这个行业的老大。"** 所以，很多时候，我们都要学会制定一个标准。

比如，客户要买一个铺面，销售人员一般就会问他是准备自己开店，还是投资等升值回报。

此时如果你想制定一个标准推荐给客户，促成成交，那么，你应该说："您有没有了解过产生高回报的投资要具备的 4 个标准呢？"

如果他不知道的话，就给他具体讲这几个标准分别是什么，然后解释为什么要这样制定。再告诉客户，很多人买这类房子都是怎么选择的，容易忽略了什么，导致过什么结果，以及我们房子的条件正好符合第几个标准，并且拿出真实的客户见证出来。这时客户将默认你是销售铺面类房屋的行家，因而信任你。

我在上课的时候经常说："设计师在谈单的时候，一定要学会建立标准，让客户在你建立的标准里面去选择，这是很重要的、必须要学会的一个技能。"

再比如，一个客户跟你谈装修的时候，你要想颠覆客

户认知，推荐你想要的业务给他，就需要建立标准。

如果你为了推全案设计，可以告诉客户说，根据我们行业的发展，目前有两个装修标准。

第一个是普通装修。 就是现在大多数装修公司能做的那种方式，给你出效果图，把装修做完就结束了，装修出来的效果与效果图感觉差距很大。

第二个是全案设计装修。 简单来说就是，做出来的最终效果比前期出的效果图还要漂亮和有品质。

两者的总费用相差不大，但是效果截然不同。这个时候你就拿出两种装修标准的效果图展示给客户看，客户看完以后，一定会选择好的那个。

这时，你的目的就达到了。

这里的重点是，当你制定标准的时候，其中的某一条或两条标准是你的竞争对手很难超越的。这样，你的客户一般不会再找其他的装修公司或者设计师。即使找了其他的公司或者设计师，他们也做不到这几个标准。这个时候，客户就会重新选择你。

7

软装谈单成交的
7 大秘诀

引导原理＋影响判断标准公式

你在谈单的过程中，只需要运用**引导原理＋影响判断标准公式**，就可以实现快速签单。

在上一章中，我告诉你讲话要有高度，接下来教你如何引导别人。什么是引导呢？就像前面所说的，**引导就是让别人听到你说的话之后，形成一个触点，在这个触点上顺应你的思维模式去继续话题的方式。**

比如，他听到了苹果型女孩的说法，由于对知识的渴望，就想继续听，这就变成了一个触点，会对他产生影响。

上一章的内容属于触点层面，而这一章属于引导层面。我们通过给客户内心设置一个架构去框设他的思维，让客户顺着你的思维走，认可你说得很有道理，这是谈单时极为重要的技法。

人的内心都有一个衡量标准，都是按照这些标准去做事情。比如一个人今天去买一套房子，他心里肯定有一个标准，要买一套什么样的房子。

什么是影响判断标准呢？

人做任何事情都是有标准的。影响人的判断标准，就是让他听了你讲的内容后，会动摇自己之前设定的标准，感觉只有按照你的这个标准去做，按你所设定的程序去执

行，才能更好地完成一件事情。

为什么很多人在谈单时感觉没有什么话可说，即使说了，内容也很普通呢？特别是刚入行的设计师，自己的阅历、实践不够，说的东西难以征服客户，或是陷入跟客户的一问一答中，忙于解答问题而没有主动表达的机会。这些都表明你不会运用影响判断的谈单技巧。

 **框设性选择谈单成交术**

其实人在判断一件事物的时候，信念并不都是固定不变的。就像我们接触到的很多客户，他们的内心并没有一个固定不变的标准，这也是一些客户总让设计师改图的原因。

如果不是在某一个领域沉淀了很多年、研究了很多年的人，做事情时的判断可能就是不固定的，心里没有一个固定的架构去衡量或者判断一个事物。这时候你只要比他专业，可以教他一套专业的衡量办法或者设置一个心理的框架去框设他，他就很容易按照你的思路去做。

框设性选择谈单策略，主要是框设别人的思维，让他跟着你的思维做，不要被他的思维牵制。我发现，现实中很多销售人员在跟客户沟通的过程中都会被顾客牵着走。

第一种情况：客户总是在问问题，你不停地回答。

客户：你这个产品好吗？

答：好啊。

客户：你这个产品为什么好啊？

于是，你又去一一说明。

大家有没有这样的经历？这就是被客户牵着走。

第二种情况：本来你的目的是和他成交，结果顾客不停问你能不能降价。

比如，客户说你的产品质量不是太好，不值这个价格，你会怎么回答？

你说："那不可能啊，我们的质量很好啊。"然后开始提供各种证明。

如果发生这种情况，说明你被顾客引导了。

其实，不管是设计师还是销售人员，本质都是在卖东西，设计师卖理念，销售人员卖产品。讲解自己的项目和产品是必需的，但你一定要在引导顾客的前提下去讲解，而不是顾客问一个问题，你就回答一个问题，最终使谈单过程成为产品说明书和项目解说会。

框设性选择就是给对方设一个框，限制住他的思维，不让他无休止地提问。看下面的举例你就明白了。

案例一：如何运用框设性选择让别人积极向上。

这个世界上有两种类型的人，一种人每天垂头丧气、唉声叹气、低声下气；还有一种人每天积极阳光、热情奔放。你认为哪一种人会是你最终的追求呢？

这个时候，绝大多数人都会选择后者。这就是框设性选择，给你两种类型让你选择其一，而不是去发散自己的思维。

案例二：如何运用框设性选择推销课程。

在这个世界上有两种类型的人，第一种人总是看到别人成功之后才去做同样的事情，总是排斥新鲜事物，不懂进取，不会主动学习；而另一种人，总是比别人领先一步，敢于创新，能够在学习中获取灵感。你是哪一种类型的人？

这样，你就把对方框到你的选择里面去了。这就是框设性选择，给对方设下这样的框架，对方就必须选择后者，否则他就是一个落后的人。谁都害怕落后，所以他必须选择由你为他设计的选项。

这里主要是举例告诉你，如何围绕自己的目的给对方设框。

讲到这里，不知道你是否已经明白为什么我没有用装修或者卖产品的案例讲解，目的就是让你不要陷入我的框架中。当你看懂我的意思以后，需要根据你现在的职业，去设置属于自己的框架，不要读死书。

什么叫破解式选择呢？

就是破解别人给你提出的问题，不要让这种问题成为你的障碍。

比如，你们这个东西太贵了、我要跟家人去商量一下、我要考虑一下、我没有这个预算、我不需要等抗拒性话题，你必须要破解客户的这些话，如果不能破解掉，你只能永远被客户牵着走。

案例一：破解"我考虑一下"。

你经常会遇到客户说**"我考虑一下"**，这个时候，很多人就不知道怎么办了。

下面你仔细想想，**"我考虑一下"是怎样的一句话？**

它是一句意思泛泛、没有细节的话。

想要破解它，你必须要学会把这些词细分，让客户做选择。

当客户说"考虑一下"时，很多人都会问他考虑哪些方面。如果是谈单高手，就不会这样问，而是说："我能够理解您，说明您在这个方面还是有投资经验。确实，很

多事情在做决策的时候，是需要仔细考虑的。"先认同他，然后再抛出选择。

"其实现在已经在我这里做设计或者买东西的客户，他们在投资之前也都说考虑一下，后来我发现他们大多会考虑三个方面的事情，第一个是到底要不要相信我们所说的，第二个是我们所做的到底能不能达到预期效果，第三个是我们的价格会不会太高。不知道您是不是也考虑这些？或者只是考虑其中的某一个？"

你这样说就是在让他做选择了。

如果他不回答，这个时候你再说："看您不说话，是不是也认同我说的这几点？"然后紧接着问他，"请问，您理想的效果是什么呢？"

客户有可能会说，也有可能不说。如果他不说，那你就说几个客户可能会担心的问题，再次让他做选择。

如果客户说考虑的是价格，你可以这样问他："请问如果达到理想的效果，您的心理预算是多少？"

当他说完价格以后，你就问他："如果我们的设计和产品既能达到理想的效果，价格也是最合理的，您是如何考虑的呢？"

看到上面的对话，你应该明白了吧。其实我们在不断地拆分他的问题，设置框架，然后让客户做出选择，而这样的对话客户往往不会拒绝，因为他想在你这里得到更多的信息。通过这样的层层递进，实现了逐步引导加上影响判断，离最后的成交也就不远了。

案例二：破解"太贵了"。

还有客户说"是不是太贵了？"你就说："对啊，我们的价格并不低，可是您知道为什么这么贵吗？或者说您知道为什么这么贵还有很多人愿意买单吗？"

这个时候，你就可以告诉他答案："贵的原因主要有两个方面……（这里就采用上一章讲的关键点式语言描述模式）"其实这时，你就有机会塑造价值，让客户觉得值。

但你千万不要说不贵，为什么呢？

因为很多人有一个不自觉的习惯，不管卖家如何报价，他都会说贵。当别人说贵的时候，你就要学会用贵来引导塑造价值。塑造完价值后再给他两种选择，一种是便宜但效果不太好的，一种是稍微贵点但效果极好的。这个时候，大多数人都会选择后者。然后，你再告诉他交易方式，问他选择哪种，是刷卡还是付现金。这就是破解式的选择。

破解式选择就是对客户口中意思泛泛的语句进行细分，然后不断引导，直到成交。

 发问引导式选择谈单成交术

什么叫发问引导式的选择呢？

任何人的任何行为背后，一定是有动机的。比如：你问别人，你们上班或是做生意的目的是什么？赚钱是最终目的吗？赚了钱之后你的用途是什么？你的理想是什么？能具体一点吗？

当对方回答以后，你就确认一下，继续引导式发问。比如，成为成功人士就可以享受更多自由自在的时间，有更多的资金陪家人游山玩水。那现在请你想一下，跟创业相比，有没有其他更快的成功方式呢？你认为什么方法可以帮你做到？无论对方怎么回答，你都和他分享两种方法，一种不太好的，另一种是比他自己的方式更好的，让他做选择。这就是引导式选择。

案例：破解客户故意用鸡毛蒜皮的问题来砍价。

很多顾客想降价，就找一些无关紧要的问题来纠缠你很久，比如设计得不够好看、材料不是好材料等。这个时候需要你变被动为主动地引导他。比如你可以问他，我想了解一下您做装修的最终目的是什么。他可能回答：省事、达到理想的效果等。然后你继续问："省事具体指哪些方面呢？"

当不断的引导发问结束以后，你再继续说："其实你的这些问题总的来说包含两个方面，只要满足这两方面，就可以轻松解决。"这个时候，你给他总结出这两个方面，一个是好的，一个是不好的，让他自己回答并做出选择就可以了。

特别提醒： 你一定要引导顾客的思路，不要一直解释他提出的问题，而要以发问的形式直接把话题引到他最终动机上面来，让他自己去回答，自我说服。

五 全部否定式谈单成交术

传统的思想是不能否定客户。很多人错误地认为，顾客是上帝，要顺应顾客的需求和心理。

其实，否定是一个有效的手段。如果你不懂得否定顾客，你的顾客就永远不会崇拜你，不会被你引导，你永远会处于被动的地位。

案例：如何让有见识、有阅历的客户反过来求自己。

随着人民生活水平的提高和互联网的发展，我们的很多客户经历过的、看到的比设计师还要多。这个时候，如果你没有超高的水平，没有更多的阅历，没有能够触动人心的谈单技巧，很难打动这种高端客户。

具体如何做才能让有见识、有阅历的大客户反过来求我们呢？

"经济基础决定上层建筑"。很多时候，资金雄厚的人会有一种高能量的压迫感，特别是在双方陌生的情形下，客户的姿态很高，你是很难跟他进行有效沟通的。

遇到这种客户，你就要用技巧让他知道自己的见识有多落后、专业知识有多匮乏。这时可以采取先肯定他、再否定他的方法。

分享一个我自己的亲身经历。在多年前，那个时候我还没有知名度，去谈一个足浴中心项目，给他们做全案设计。和那个老板见面后，我明显感觉他能量很高，并且他说他和很多设计师都是很好的朋友。这时我并没有被他的气势压倒，我在想：**他找我的目的是什么呢？**

这样的人找到我，无非就是想多找几位设计师看看，比较一下价格，可能他们心里已经有合适的合作人选了。

碰到这种情况应该怎么办呢？

不理他吗？还是挑他的毛病？或是反过来表现出看不起他？

当然不是。我们要做的就是从对话中找到他的弱点，将之作为后面话题的切入点，从而变被动为主动。

这时，我问他："请问您对这个足浴中心的具体设计有什么想法？"

老板对我的问题表现出了很大的兴趣，侃侃而谈。我认真地听他讲完以后，先肯定地说：**"您的思路非常清晰。"**紧接着问他，**"按照这一装修计划，您定位的客户群体是什么样的？"**

老板又接着讲了他针对的是什么样的客户群。听到最后，我问他："还有吗？"他说："就这些。"我叹了一口气，摇摇头。这个时候你知道那个老板的反应是什么吗？当时他心里什么感觉？

我前面说过，开始时他表现得很有能量，但我一叹气，他的能量马上降了一半。他感到莫名其妙，为什么呢？

因为人在无知的状态下，他的能量就会马上下降。我叹一口气，他马上不知所措。因为他本以为我会竖起大拇指去称赞他，已经做好心理准备，没想到我叹了一口气还摇了摇头。他一定会问，什么情况？为什么叹气？

这个时候我再跟他说："其实，我在这个行业做了这么多年，全国各地接触的客户比你这个想法更好的大有人在。这个设计思路不但没有特色，反而会影响你的生意，因为你定位的客户群的消费心理已经和以前人的消费心理截然不同了。"

各位猜一下，这个时候他会是什么反应呢？他不服对吧？

然后我再对他说："根据你的定位和装修思路，有 3 大核心你没有注意到，因而就算你有再多的客户资源，也注定无法长期留下他们，甚至还会给你这个店埋下巨大的隐患。"这个时候他的能量彻底降低了，马上问："有这么严重吗？你说的这 3 个核心要素是什么？"

这时我再把这 3 个核心要素讲给他听，并且举了很多真实案例。他这才意识到他原来的想法是多么不可取。因此非常感激地说："幸好你说了这些问题，否则我也跟他们一样可能会面临很大的风险。"

说完这些后，我继续跟他讲："仅依靠这 3 大核心要素还是不够的，开一个足浴中心，不光与设计及人群定位有关系，而且跟营销手段、人体工程学、色彩心理学等相联系。还有 7 个标准要注意，不知道您愿不愿意了解一下？"

这个时候，他就会很迫切地想要了解这 7 个标准。在讲完这 7 个标准之后，我说："如果你不能够达到这 7 个标准，我劝你不要做，否则的话，他们的昨天就是您的明天。"他想要装修，却不懂这 7 个标准，怎么办呢？

他就问我能不能帮他做设计，解决上面所说的问题。我说："最近项目比较多，今天我只是抽了一些时间跟你聊一下，我们做设计跟其他的公司不一样，需要花大量的时间调研，再结合你的具体情况、经营理念，结合客户定位、人群画像等制作出整体的设计方案，不一定忙得过来。有需要的话，你明天或者后天到我的办公室来，我和你详细说。"果然他如期来了。

这个案例其实就是改变了他原有的认知与思想观念，让他感觉自己有很多欠缺以后，再给他提供解决的方案。

特别提醒：这个案例用了一个改变认知的谈单公式。

> 谈单公式＝先认同→了解对方的情况，让他去展示他的认知与经验或者实力→通过对方介绍找准他的弱点，利用这个弱点攻破对方心理防线，让对方感觉不如你（叹气＋偷笑＋摇头）→否定对方→经验分享→举例说明

即使客户跟你的思想观念不一致，你同样可以根据这个公式去改变他原来的认知，只是把先认同变成了全盘否定。但前提是，你必须是这个行业的专家，如果你自己都不懂，那是行不通的。所以设计师、销售人员除了对自己的行业要精通外，对相关的领域，如上面提到的投资、经营等一样要关注、研究，才能在谈单过程中处于主动地位，并利用这个公式顺利签单。

六 部分否定式谈单成交术

什么是部分否定式谈单呢？

就像上节的案例一样，当客户讲了很多他的想法以后，我对他说："您刚才说得非常对，这样做的话，确实呈现出来的效果非常好。但是，如果在这个基础上再考虑到一个点的话，设计出来的东西能让你的生意至少提升一倍。"

这句话就是先肯定他一部分，再否定他一部分，也就是还有需要改进的地方，再把那个点指出来。

部分否定式谈单如何应用呢？

案例：软装设计业务的沟通。

现在很多装修公司已经开始给客户做设计了，但是这部分实际上很多还做得不到位。如果你想留住客户，只需要跟设计师或者装修公司强强联合就好。他们做第一步的硬装，你做第二步的软装，形成一个全流程的服务。

当你邀约客户来，对他讲："你家的装修效果图已经出来，装修也差不多了。这个装修设计做得相当不错，你非常有眼光，选对了装修公司和设计师。但是如果想要与效果图一样漂亮，甚至比效果图还要漂亮，你需要在软装上做适当的调整，这样的话，最终呈现出来的效果更加漂亮，而且不让你多花钱。"这就马上吸引了客户的注意力。

选择否定式谈单成交术

选择否定是什么意思呢？

就是你提出几个选项让别人去选择，然后全部否定，不管他选择哪一个你都否定他。

案例：你问客户："在装修方面，你有什么标准吗？"然后，提供 3 个选项。

第一种标准：只要装修得漂亮，价格贵一点也可以。

第二种标准：只要满足基本需求，价格合理。

第三种标准：讲究品质，不要过于复杂，价格也不宜过高。

当他选择以后，你就说**"错"**！其实，无论他选择哪一种标准，你都要说是错的。

当然，这需要你设置的选项里必须有一个或两个看似是对的，你再把它们否定了，因为不管哪一种都不是最完美的解决方案，这个时候就把别人的能量压下去了。

这个应用从本质上来讲是什么意思呢？

就是能量高低的转换。在别人的能量比较高的时候，你就很难去引导他。而你要做的是什么呢？

你要把别人的能量抬得很高，然后再一下子压下去。你把他的能量压下去之后，他就会很认可你，跟着你的思路走。通过自己的专业知识让对方显得无知，他的能量就低了。

再比如，我在线下讲课的时候，会让学员上台说话，他们有的会紧张，不敢说。这就是由于其底气、能量不足，不知道自己会不会出错，也不知道台下的人是否比自己懂得更多，觉得自己不够强大。

害怕的根本原因还是自身能力的欠缺。当你比客户、同行都懂得多，觉得自己在这个领域没有不知道或者解决不了的问题时，你就会底气十足，什么都不怕，说话时带出的能量自然就高了。

案例：活动赞助谈判——从我求别人到别人求我。

我们以前办过几次活动，谈广告赞助商的时候，通常采取打电话沟通的形式。一般我们会说："您好，我是某培训机构的，我们在哪里办一场什么活动，看您有没有兴趣参与，做我们的赞助商？"

你知道对方是怎么回答的吗？我们没兴趣！马上把电话挂断了。

后来我们改变了策略，在打电话时这样说："请问是某商家吗？我是某软装设计培训学校的，我们这里有 10 万个全国的设计师学员。在网上看到你们的介绍，我们这里的 10 万个学员都是你们的目标客户，都是你们产品最好的销售伙伴，不知道你有没有兴趣跟我谈一下合作呢？"

这个时候，很多人都会有兴趣了解一下。然后我们就约时间派人去跟他们谈。对方问："您准备怎么把你们的学员介绍过来？"如果换做是你，你会怎么回答？

我们的工作人员是这样回答的："我们介绍的方式有很多种，但是希望你们在保证质量的前提下，给一个让这些设计师有足够冲动愿意跟你们合作的价格，如果我们保证一年给你们带来一千万元的单子，你可以给我们多少返点呢？"

然后他就说："我给学员最低价的同时，给你们5个点。"这时我们的工作人员直接站起来就走，说："这样的话就不用继续谈了。"对方赶忙问："你们想要多少点呢？"这时对方的能量就越来越低了。我们的人员再说："毕竟我们的资源那么好，别人都愿意给我们15到20个点。"对方说："不可能20个点，10个点可以吗？"

我们答复说："10个点的事情，我们还得向领导反馈，领导决定说可以，我到时候给你回复。其实给我们多少个点并不重要，重要的是，你们给我们返点以后，给这些学员的价格还要有优势，让他们愿意跟你们合作，这样才是我们彼此愿意看到的结果。"

这个时候，老板就会觉得我们不是那种一味追求利益的人，从而愿意继续深谈。谈到双方感觉关系越来越近时，我们的工作人员就可以走了。

这时对方一般都会送工作人员出门，还没走出房间，我们的工作人员又转身对他说："我看很多你们这样的商家每年都在参加大量的展会，一个展会投入不少钱，但是联系成功的设计师也没有多少。要想真正合作，其实也得花大力气，展会虽然人多，竞争也大，缺乏前期的信任度。我有一个可以嫁接信任度，让现场的人都抢着跟你们合作的好方法，你有没有兴趣听一下？"这时很少有人会反对吧。

这个时候再告诉他，我们在什么时候，会把这些学员聚在一起办一个活动。"把你给我们的返点让利出来，只要现场报名我们的课程，花了多少钱报名课程，你们就给学员返多少学费。"并且说，"只要是我们的学员，拿货的价格就是低价，这样的话，既绑定了学员，也把有效的客源引导给你们了。"然后对方问："这个如何合作呢？我要不要出点费用？"

到这里，你看明白这个谈判流程了吗？

本来是我们有求于他的，后来反而变成他来求着我们帮他了。这也是通常所说的逆向思维、逆向思考，只有在他求你的时候，他的能量才能下降，你的能量才会相应提升。

分享这个案例就是告诉你，谈判合作和谈单都是一个道理，思路是一样的，你要学习的也是我给你的思路，不要照抄硬搬，而是要变通。**你要有一个信念，我永远可以找到变被动为主动的方法，如果没有找到，就先不要跟别人去谈，谈了也是浪费时间。**请你把这个信念植入自己的心里。

8

软装谈单之
故事运用策略

 一 **为什么要给客户讲故事**

业内常说**"三分方案七分讲"**，能够在讲方案的时候植入故事，就会让你的设计拥有灵魂。其实真正的谈单高手都必须是讲故事的高手，因为讲故事是改变对方思想观念的有效手段。

人的天性喜欢听故事，世界上所有的文化、宗教、影视剧几乎都依赖于故事的穿插。故事的作用在于不知不觉间影响人的潜意识，改变他的思想观念，让他接受新的观念或思想，这也是心理学的巧妙运用。

任何人都讨厌被推销产品，也不喜欢被说服。但是如果你通过讲故事的形式把对方带入情景里面去感受故事中的喜怒哀乐，并且让产品与故事中的人或事的因果产生关联，就很容易让对方听下去。而人在听故事的时候，大脑中的潜意识是被打开的，是不设防的，很容易被故事里面的情节、情绪所感染，会在不知不觉间改变他的想法，并留下深刻的记忆。

每一个设计师、销售人员都要学会讲故事，讲自己的故事、企业的故事、产品的故事、客户的故事、设计方案的故事等，通过故事把自己的方案更有形地表达出来，从而赢得更多的客户。

二 故事的 5 种类型和 2 个目的

上一节分析了为什么要通过故事来介绍产品或分析设计，下面介绍故事的**5 种类型**。

（1）品牌故事（围绕品牌价值来讲故事）。

（2）自己个人的故事（围绕产品所能带给客户的结果与客户同频去讲故事）。

（3）客户见证故事（围绕产品所能带给客户的结果与客户同频去讲故事）。

（4）企业故事（围绕创始人来历、公司来历、公司历史发展与变化过程、企业使命和愿景来讲故事）。

（5）方案设计故事（围绕产品与设计理念来讲故事）。

任何故事都不是单纯的故事，要学会在故事中植入两个目的。

目的一：把你想要传达的思想观念，植入客户的大脑，让他感受到你的产品、方案、理念给他带来的价值、感觉和结果，对你的产品产生信任感和兴趣，同时改变他原有的观念与认知。

目的二：让你的故事与客户同频，把客户带入故事情景里面去，让他感觉故事里面的人跟他一样，他们的愿景、生活方式等都是同频的，然后取得了什么样的结果。

比如说，你在设计一个工程项目的时候，只需要按照下面的设计流程进行设计，就可以顺理成章地植入不同的故事。

设计故事的过程分为以下 3 个阶段。

第一阶段：场地研究；

第二阶段：设计概念；

第三阶段：方案发展。

如何做场地研究呢？

在第一阶段场地研究中，需要搜集各方面的资料来建立场地在历史、文化、经济、地理、社区、都市等各个方面的信息特征。通过百科和地方志去收集该方面的信息，在熟悉场地特征的同时，对地域文化和元素进行提取，开始建立自己的初步想法（当然，在这个阶段，需要你有强大的搜集、组织和判断能力）。

到了设计概念阶段，基于前期分析所形成的资料，选取客户感兴趣的方面来形成设计概念。这时候你得告诉别人这么做的理由（也就是所谓的概念起源），哪些方面由于概念的建立需要深入研究（发现适合发展的点进行深挖），并且你的设计概念要用清晰、简洁的图像语言表达出来（设计语言）。这个阶段一定要注意逻辑性、概念性、可读性和清晰性。

如何在设计中产生独特性和创造性（设计故事的塑造）？

关于设计灵感来源（设计故事的来源），可归纳为以下 5 大类。

第一类：案名提取。

比如某钻石广场招商征集整体设计概念方案，设计中就可以提取钻石元素进行剖解，将钻石晶体的多面性拆分为三角形元素，以光晕效果衍生出不同的排列组合应用于景观铺装与雕塑艺术品中。

抑或取案名的谐音，例如取地名的双关语，提出具体的概念。

第二类：地貌特征演变。

比如，谷川交错的地貌，可提取其弯曲的线形应用于景观铺装；把分割的绿化池作为岛屿的象征，模拟自然山水之貌，形成类似曲水流觞的意象。

抑或提出"有水就有桥"的概念，进而阐述桥对当地居民的意义，以复兴桥文化（桥文化就是故事的塑造）。

第三类：地域文化符号抽取。

从当地工艺品中提取图案纹样，关注图腾符号的意义与文化价值。

第四类：故事传说。

就像我们常见的，用"在很久很久以前有个传说"开头的故事，例如《爱丽丝梦游仙境》《仲夏夜之梦》等。各类传说、爱情故事皆可成为故事主线，贯穿每个景观节点形成完整的景观结构。

第五类：文学作品。

可以从散文中获得灵感，从小说中得到启发。比如有一个建筑作品就是以当时的著名畅销小说《追风筝的人》为灵感来源。抑或用散文中描述的美景作为景观愿景，真实还原场景画面。

也可以提取音乐的乐谱、流水的形态（汹涌、平静等）比喻人流，用破茧成蝶象征树木的更新等。还可利用蒲公英的种子结构、花篮的编织工艺等。

如何让思路围绕一个概念点去运作？

当把上面的设计概念全部提取出来后，你就可以进行设计了，也就是方案发展阶段。在每一个设计中植入跟客户生活相关的故事，让客户与之同频，把他带入你植入的概念中，从而引导客户的判断。这样，一套完整的设计故事就讲完了。

总而言之，一个项目的设计故事不是随机生成的，也不是随意发展的，而是遵循了一个严谨和理性的逻辑推导过程，需要你不断拓展知识面，有想法地组织和发展自己的概念。

三　讲故事的 5 个关键要素

讲好故事需要掌握如下 5 个关键要素。

1. 主题

讲故事之前，先要确定一个主题。思考你的产品能给对方解决什么问题，带来什么价值，使用后改变的结果或带来的感受是什么。所有的故事情节都要紧紧围绕这个核心理念展开。

比如，德芙巧克力的故事围绕爱情象征展开，而不是制作工艺，因为配料与制作工艺很容易被复制，但是独特的爱情故事无法盗版。

2. 悬念

你不能一开始就对客户说，我来给你讲个故事。别人为什么要听你讲故事呢？即使你讲了也不会有什么效果。所以，在讲故事之前，要设置悬念引发客户的好奇心，引导他主动来探索。

比如，你经常吃巧克力，可你知道巧克力是如何被发明的吗？它背后还蕴含着一个凄美动人的爱情故事呢。客户是不是马上就有了兴趣？

3. 情景

同样是讲故事，哪怕是讲同一个故事，为什么有些人讲的会让你感觉身临其境，而有些人讲得则干巴巴的，让你毫无感觉？

讲好故事的秘诀就是情景化，即通过对场景细节的还原，从视觉、听觉、味觉、触觉、嗅觉、心理上做细致的描述。

下面以德芙巧克力的故事为例，看它是如何情景化的。

当你剥开包装后，在咖啡色的巧克力上印着英文"DO YOU LOVE ME"（你爱我吗）的缩写 DOVE（视觉）。

一股浓浓的牛奶的味道扑面而来（嗅觉）。

咖啡色的固体柔软细腻，却不会在手心融化（触觉）。

轻轻咬上一口，像蜜一样甜（味觉）。

你甚至听不到咬巧克力的声音，它已经顺着你的舌尖滑下去了（听觉）。

这一刻，你已经尝到了爱情的滋味（心理）。

还等什么，赶紧买一盒送给心爱的她吧！

这样把各种感觉层层带入，是不是让你马上有了购买的冲动？

4. 冲突

故事情节需要的另一个重要因素就是人物之间的冲突。有时候，也有可能是某个人物自己内心的冲突，比如信仰和愿望的冲突，也就是因为什么而发生什么，这样一个因果关系。

故事有冲突，才有情绪张力，才能影响客户的情感。故事越是起伏跌宕，情绪张力越强，对客户的冲击力越强。

如果你能写一个让客户听了就泪流满面的故事，即便你的产品价格很高也能轻而易举地卖给他。

5. 心理感受（喜怒哀乐）

讲故事时，一定要用大量的文字来描写主角在面对挫折、绝望、转机、成功等情景时的心理活动，这个心理活动与目标客户越接近，就越能引起他的情感共鸣。越是触动他的内心，就越能让他马上采取行动。

比如，德芙巧克力凄美曲折的爱情故事，让你马上产生购买冲动，你根本不会考虑配方、原料之类的客观因素，也不会拿它去跟其他便宜的巧克力对比。因为这个故事告诉你，只有德芙巧克力才象征爱情，其他巧克力都是一种零食而已。零食吃不吃都可以，唯有送德芙巧克力，才可以向心仪的女神表达爱意。

所以，德芙巧克力在恋爱中的男女心里具有无可替代的地位，其他巧克力味道再好、价格再优惠也撼动不了它在人们心中的位置。

以上就是讲故事的 5 个关键要素。**现在请你放下书思考一下，你的品牌、你的个人、你的方案给客户呈现一个什么故事，才能吸引他的购买欲。**

四 写故事的 4 套模板

模板的好处就是直接套用就能写出相应的故事来。下面我将为你揭秘 4 套写故事的模板。

模板一：

（1）时间、人物、地点、因果。

（2）问题：比如自己以前困苦的生活、工作状态。

（3）挫折：生活或事业突然遇到挫折，找不到解决方法。

（4）求助：开始向外寻找突破口，但是并不顺利。

（5）转机：一个偶然的机会，一本书或一个人突然之间颠覆了自己的思维。

（6）尝试：开始疯狂地学习新知识，做出新尝试。

（7）成功：生活或事业开始出现转机，前途忽然光明起来。

（8）感恩：因为自己受益，所以想帮助更多的人成功。

模板二：

时间、地点、人物 → 因果 → 痛苦 → 寻找方法 →

失败 → 求助 → 出现转机 → 怀疑 → 小心求证 → 得到有效的方法 →
表示。

模板三：

（1）过去（痛苦 = 痛点 + 疑惑 + 不解 + 问题）。

（2）现在（快乐 = 亲身经历 + 经验分享）。

（3）未来（梦想 = 成就自我 + 相信自己 + 全面升级换代、革新
自我）、对继续使用 + 转介绍行为表示感恩。

模板四：

品牌故事设计模板 = 品牌定位的独特价值 + 来历、因果

比如，可以以历史文化为卖点，把历史事件嫁接到产品上来。

如果说概念相当于给孩子起名字，一个完整的故事相当于给孩子写
人生简历。很显然，孩子的身份血统会直接决定他的价值与影响力。
比如王子和普通人，对于客户的影响力肯定不是一个级别的。

我经常在线下讲课的时候问学员："为什么你们要学习风格？学习
风格的目的是什么？"很多人都答不上来。实际上风格就是历史，历
史就是故事，你们要做的是学会讲故事。

案例：专注睡眠文化的酒店。

梳理这个酒店的主题，睡眠文化就是它的主线。

所以，整个项目在立意时就从睡眠的状态着手，然后配合立意创作

出系列雕塑，起名如《云端的睡眠》，而整个故事都从这里展开（设计中植入营销，替你的客户讲故事）。

接下来，开始植入一个关于睡眠的故事，在故事中穿插营销，让你的设计不但有故事性，还有营销性。

例如，用模板三来讲一个设计加营销的故事。

（1）过去：出差总是认床，睡不着觉是一件非常痛苦的事情，导致第二天没有更好的状态会见客户。我非常痛苦，想过很多方法，但还是没有办法解决出差认床的问题。

（2）现在：一次偶然的机遇，我遇上了她（在这里可以植入设计主题的产品和酒店的故事——一次偶然的经历，住进一个酒店，从此解决了自己的烦恼）。

（3）未来：可惜的是，这个酒店只有那里才有，如果将来全国甚至全球都有，那将会怎么样（第一种结尾方式可引出在哪里有这样的酒店；第二种结尾方式可从设计的角度结尾，说明住这种酒店就是健康、完美生活的象征）。

9

5 套谈单成交策略

一 角色转换成交策略

什么是角色转换成交策略？

就是改变沟通的策略，开始时可以通过其他人的一些故事、见证等来让客户感觉到效果，然后在不知不觉中将故事的主角转换为客户，让客户联想，从而产生购买欲。

首先讲一下和客户的转换成交法。

这个方法需要借用人称代词（你、我、他、他们、我们等字眼）的转换来帮你成交。"他的"（间接）和"你的"（直接）的分别就在于你怎样运用"别人"（间接）和"你"（直接）这两方面的字眼。

如果在谈单过程中，我们一直在使用"你"这个字眼，不断讲你买过之后会有怎样的好处，客户就会心生戒备，觉得我们在强行推销。

反之，我如果是讲别人的事，只要不讲得太长，客户的戒备心就不会被挑起。而且，当他在听我讲别人的故事时，脑海中往往会有一次成交的彩排（幻想）。因为要了解任何一个故事，你都需要轻度地投入故事的角色中。

当客户听完故事后，他的大脑就会受到影响。这时候我们马上把话锋转到客户身上，把客户不知不觉地带领到未来的情境中。

举个简单的例子。

你是销售窗帘的人员，带客户看窗帘时，可以指着某个窗帘说："曾经有一对夫妇，他们买了这款窗帘，并用我推荐的 ABC 款的窗饰布搭配，使整个房间既气派又很有艺术感。他们很满意，又介绍了几个朋友来我这里买。如果你家是那种风格的话，可以选择这样感觉的窗帘……"

上面的例子是先用间接的见证来证明，再直接把客户的意识带到买后的细节（可以选择什么样的，达到何等的效果）。

这就是先用别人的故事做主题（使顾客想象自己投入了已经成交的角色里），然后再越过成交时刻，把故事主人公转换为顾客，描述一些成交以后的细节。当客户想象这些细节的时候，他其实就开始有了成交的念头。

我观察过很多销售人员、设计师，发现他们经常犯两种非常严重的错误。一种是一开始就直接告诉客户，他用什么产品会有什么效果，产品怎样好，表现得很需要客户。然而，客户其实还没有决定是否买，因此有戒备心。他们可能会想：我还没说要买，你就不停地讲我买了之后会怎样，这么迫切要我买，会不会有什么问题？

还有一种，他们是纯粹地用见证告诉客户，别人买了产品后怎么样，找他们做设计后会怎么样，一直在讲别人的故事，却完全没有讲到如果是客户自己用产品会怎样，结果对方的脑海中只是用了别人的角色来彩排，未直接联想到自己使用后的情景，导致最后不能成交。因为他只挑起了对方的欲望，却没有让其产生行动的欲望。这就像只是刺激了对方的食欲，却没有把自己餐馆的地址告诉对方。

所以你每次播种时的"火候"（分量），一定要间接和直接相混合，它的调配可以从"多间接、少直接"开始，再到"半间接、半直接"，然后再从"半间接、半直接"延伸到"少间接、多直接"。

　　当然这是先讲别人的故事，然后无声无息地过渡到客户的身上。除了这个方法外，你也可以先讲自己的故事，再过渡到对方的身上，或者混合起来穿插讲述，也就是说你可以讲自己的故事，也可以讲别人的故事，但是最终你要回到对方的身上去，让他去联想。

 假障碍成交策略

　　我在前面讲过能量格局观，即我们越是急于向对方证明，则我们的能量越弱。相反，在我们设置假障碍后，对方就会向我们证明自己符合条件。在证明过程中，他的能量就低了。

　　需要强调以下两点。

　　（1）障碍不是真障碍，大都是一些对方可以满足的条件。

　　比如你对对方说，第一个条件是你一定要有执行力，这种障碍都不是硬性的，基本上对方都可以满足。

　　（2）假障碍成交术最好是在对方情绪被带动起来后，对项目或产品感兴趣时再去使用。如果对方根本没有兴趣，设置障碍也就没有用了。

　　比如，有很多学员报名参加我的帮扶计划，需要缴纳6000元的帮扶金，还需要满足以下条件。

　　第一，要有执行力，坚决执行我的营销策略。

　　第二，由于是我亲自指导，我的时间、精力有限，所以限制名额。

第三，可以轻松支付 6000 元帮扶金的，一般是有自己的公司或者门店，想要通过互联网新手段获客的。

当我把这些条件说完的时候，学员不是在想"他能帮助我们什么""他能提供什么服务"，而是在想"我能否满足他的要求"。

三　假设成交策略

假设成交策略是比较常用的一个策略，就是在客户尚未成交的时候，去引导客户联想成交后的一些细节或者会出现的局面等。这是针对客户潜意识的一种成交方式。

我们需要知道，潜意识是不分对错的，你植入任何指令它都会执行。所以当我们引导客户联想成交后的一些事物的时候，客户潜意识中会觉得已经成交了，这样，真正成交的过程就会非常容易。

虽然很多人都会用到这个策略，但是多数人并没有达到出神入化的境界，而只是停留在基础的层面。

我们平时最常见的假设成交就是双选法。

比如，当客户进到店里，你不应该问他买什么，而应该问他："请问你要买哪种装修风格的家具呢？"**然后到临近买单时，你应该问："你是要用现金买单，还是刷卡？"**

这都是二选一的假设成交策略，当然也是最初级的策略。

接下来我要讲的**假设成交策略**，是一套组合拳，需要融入其他的招式。

比如：假设成交 + 假逻辑、假设成交 + 隐晦命令等。

在介绍我编写的书籍——《设计师成名接单术》或者我们的深度课程的时候，我就经常用到这个方法。我会告诉我的学员：

"我知道大家来学习我们的课程有很多问题想要解决，或者想要提升的自己能力，更好地实现签单，提高成交额。我也知道可能大家在没有上我的课程之前有很多担心的事，不知道到底能不能帮到自己（同步引导）。

"但我要说的是，在上过我们的课程后，你就会完全明白我们课程的价值是别人无法比拟的。你们通过这几天的学习应该已经感受到了我们课程的价值。

"第一，我们的课程知识点非常多，不会像某些机构那样，讲一半留一半，目的就是为了多收钱。

"第二，我们希望你在上课的时候就能实操运用，学习结束时能带回去一套成熟的签单方案，真正实现实操。

"第三，第二阶段的课程是你们签单做方案必备的基础知识，学会这些知识，就能让你胸有成竹地签下更大的客户。"

看到没有，虽然你还没有上过我们的深度课程，但是我一直在用事实引导你去联想上课后的一些情况和改变，让你浮想联翩。我描述得越详细，你联想到的画面就越真实，成交就会变得越有可能。

这就是我在假设成交术里加入了同步引导策略和假逻辑策略。还可以加入隐晦命令来进行布局。比如，我告诉你："因为我不太确定你是否已经下定决心现在就报名，所以我想再问你一些相关的问题。我们是有名额限制的，你知道吧？"对方回答后，继续引导，"整个交易流程你知道吧？"知道的就进行下一步，不知道的就再给他讲成交的流程。最后问对方："你是现在交款还是等一会儿下课再交款？"

这是布局式的假设成交。那么假设成交还有知觉上的假设，包括动作假设和时间假设。

动作上的假设，即当你的客户还没有说让你拿合同来签，但距离成交也不远的时候，你可以站起来，告诉助理："你去拿合同过来给客户看。"

这个过程就是动作假设过程，客户还未说要签合同，但你已经在给他拿合同，进行下一步的合同探讨和签订了（把握时机，使用这个动作，可以加快成交的过程）。

时间假设就更好理解了。比如说，"若干年后，你们就会发现我今天说的话是多么重要，对你未来的生意发展具有的指导性有多强"。不管过了多少年，我都假定课程已经发挥了作用。

总之，假设成交有以下两个关键点需要掌握。

（1）一般是在激起对方的兴趣或者情绪后，再去用假设成交法。如若对方根本不感兴趣，即便让他联想，他也不会去做。

（2）注意细节把控。如何让对方陷入联想中，让对方的潜意识觉得自己已经买了？你要把成交后的场景具象化，把细节描述出来，增强代入感。

四 冷热水交替成交策略

冷热水交替成交策略是基于冷热水效应的策略。什么是冷热水效应呢？

很简单，有一杯温水，保持温度不变，另外有一杯冷水和一杯热水。这时候，我若让你先把手放到热水中，再放到温水中，你会感觉温水凉；若让你先将手放到冷水中，再放到温水中，你则会觉得温水热。这个就是冷热水效应，通常称作"参照物转移"。也就是说，同样一杯水，参照物不同，你的感觉也不同。

鲁迅先生有个说法，如果有人提议为房子开个窗，势必会遭到众人的反对；可是如果提议把房顶扒掉，众人则会相应退让，同意开这个窗。是不是非常精辟？每个人心里都是有一杆秤的，只不过秤砣并不重要，也不固定，它会随着我们心理的变化而变化。

那么，我们如何运用冷热水效应去更好地处理人际关系，或者影响客户，达到成交目的呢？

比如，你邀请客户去看工地的时候，可以说："由于工人在施工，工地上会有一些脏乱，不过我邀请你看的主要是我们的工程质量和施工方式。"这个时候，客户的预期就不会太高。但是，客户进到你们的工地，看到干净整洁的现场，一下超出了他的预期，这个时候反而更容易成交。

10

暗示付款策略

一 神奇的暗示付款魔法

你有没有发现，当坚信自己可以做成某件事的时候，这件事无论多么困难，你都会满怀信心去做，最后就真的成功了。相反，如果你一直暗示自己某些事做不到，那么可能很简单的事你也没做成。

暗示的力量就是这么巨大。比如，2009 年的时候，我贷款 10000 元到北京学习。学习结束以后，我发现在北京根本没有软装公司，很难找到软装设计的工作。当时我面临两个选择。

第一，回到浙江，继续从事室内设计工作。这样的话，我能有一个稳定的工作，每个月几千块钱的工资，并且当时有人开高价，让我回公司经营一个软装部门。

第二，继续做软装，在北京想尽办法生活下去。

当然，你看到这本书的时候，说明我已经选择了第二个选项。在我做出这个选择后，我就开始跟同期的同学一起成立软装公司。一年后，我发现了很多软装公司需要解决的问题，于是又开始了新的尝试。亏损几十万以后，我又走上软装培训之路，把我的经验和教训告诉学员。直到今天，成为行业的引领者，拥有几十万"粉丝"。

其实，这就是暗示的效果。我坚信软装行业的前景，并且在这个过程中，不断尝试，不断失败，最终走向成功，而这个过程经历了 11 年。那么，试想一下，如果你能在一个行业不断试错，不断调整策略，你会不成功吗？暗示付款成交术其实就是要你引导客户，暗示客户要如何做才能取得什么样的成功。

这里还要补充说明的是，人的大脑分潜意识层和意识层。我们的意识层有判断和辨别的能力，所以我们针对对方的意识层进行暗示，就能够让对方起疑心，动摇信念。但是人的潜意识是没有判断能力的，对什么信息都来者不拒，这就导致不管是正面还是负面的暗示，我们都会接受，受其影响。

 借势付款策略

古代的谋略里有一个很重要的手段就是借势，借社会大势，借任何可借之势。这一节主要讲的是借竞争对手之势。

那么，如何在夸奖竞争对手的时候，无形中让客户心里对其产生怀疑，并把他的优势转移到我们的身上，让客户选择我们呢？

比如你经常会遇到客户说："你的东西跟某些品牌的相比，区别是什么？"或者"你们的优势是什么？"

这个时候，你就要从两方面告诉客户，先说竞争者的产品有多好，品牌有多好，如果在哪些方面改进的话，既能体现美感，又能解决舒适度的问题。接下来请客户再看看你的设计美感和舒适度是怎么样的，就此开始详细讲述。

如果你仔细体会这一过程，不难发现这是一种借势法，先夸奖 A 的品牌好，却转而说"如果哪方面改进以后，就快接近自己了"，这就暗示客户自己在某一方面已经做得更好了。

比如，经常遇到学员问我，你们的课程跟别的机构有什么区别呢？

这时我通常不会直接回答他，而是反过来问他学过哪方面的软装课程。等他说完之后我再说："某机构在某些方面还是不错的，但是软装是一个知识体系，某个单独的板块并不能解决所有的问题，而我们的课程体系重点是打造一个全面的、优秀的软装设计师，从营销接单到软装专业知识都有系统的讲解，只有掌握这些系统知识，才能从本质上帮你提升业绩、提高设计水平。"

　　听完以后，你会产生怎样的认知？就是某机构只是在某些方面可以，如果想要系统学习，还得找我们这种做全面培训的机构。这就是在无形中通过暗示让对方动摇选择的方法，虽然说的是肯定对手的话，但实质是在暗示自己更好。

　　这个方法还有一个好处，就是不必直接跟客户说我们的产品有多好，因为这样说往往会让客户反感。你只需要给他暗示，让他自己得出结论就可以了。

三　隐晦命令付款植入策略

隐晦命令是美国天才催眠师莱尔顿·艾瑞克森的独门秘笈，简单来讲就是把一个命令藏在一个长句里，让这个命令绕过理智层面的防御机制进入潜意识，你只需要在说到隐晦命令的部分时压低你的声调就可以了。

在销售和谈单的时候也是这样，很多时候客户可能还没有付款签单，依然有顾虑，这时，你就可以运用隐晦命令影响对方的潜意识，让他完成购买或者付款签单的动作。

比如你可以对犹豫的顾客说："我知道很多人都会有一些顾虑，但是根据我多年的从业经验，对于你来说，现在购买是最好的选择。"

但是，使用隐晦命令植入策略需要注意以下三点。

第一，你和你的目标之间要有信任，你们要同频，否则他就会起疑心。

第二，你平时说话的语调要有高低起伏，否则在用隐晦命令时别人会觉得你很怪甚至有什么阴谋。

第三，通常来讲，只用一次隐晦命令不会有太大的效果，你要在一段话或者一个故事中多次用到才会有显著的效果。

隐晦命令付款植入策略涉及声调的高低，语速的快慢，建议反复训练和测试，根据不同的情况、不同的人群灵活运用。

你可以通过以下两种渠道来真实地体会隐晦命令植入策略。

第一，参加培训机构举办的线下培训。几乎每个线下培训机构都会在培训的过程中进行二次课程销售，不管是在进行课程销售的时候，还是在上课的时候，老师都在不断植入隐晦命令，达到关键点的时候，就会有人自动报名学习。

第二，根据本节的内容，研究销售高手的谈单方式，看看高手如何给客户植入隐晦命令。

四 信念动摇付款策略

多数人其实是不自信的，不然也不会有那么多人为了获得别人的认同而拼命证明自己。基于这一点，我们如果能够巧妙地暗示对方，就能轻松改变对方原有的信念和认知。

在现实中，我们会遇到一些非常固执的人，可是又没有办法说服他。这个时候，我们就不能用正面的手段去跟他谈，而要反过来说。

在平时交际中，这种情况也很常见。比如，我们越夸奖一个人多么聪明、多么优秀、想法多么好、处理事情多么周全，就越会发现，他一定要找一些自己的缺点来平衡你的夸奖："没有啦，我在与人相处上还是很有欠缺的"等。

这里涉及一个平衡知识，就是人要达到平衡状态才会心安，否则总会觉得有什么地方不对劲。所以当我们使劲去鼓励、认同、夸奖对方的时候，反而超出了他的需求，这时他处于不平衡状态。为了寻找平衡，他要么会谦虚起来，要么就会开始怀疑自己的所作所为。

由此可见，想要动摇一个人的信念，不一定要去打压和纠正他，很多时候这样做只会适得其反。反之，你可以夸张地抬高他，说不定他很快就能清醒，主动意识到自己的错误。

五　客户自我说服付款策略

上一节主要讲了如何让一个人的信念产生动摇，把他原有的想法或者选择打乱，冲击他的认知，那么这节刚好相反，主要教你如何在一个人信念不强的时候，让他不再犹豫，巩固自己的信念。

比如，曾经有位学员找我说："老师，我想开一个软装体验馆，但是不知道怎么办，您能给我一些指导吗？"

这时我没有直接把我的建议说出来，而是跟他沟通，让他讲开这个馆的计划和目标。再引导他思考开软装馆需要解决的三个问题，即客户、产品、设计，他是否了解；如果不了解，想把这三个问题处理好，他需要采用什么方法。

通过这种不断引导的方式，告诉他方法，逐步引导他达成一个好的结果，增强他开体验馆的信心，从而让他说服自己，最终达到他想要的目的。

无论是动摇信念的技巧，还是巩固信念的技巧，都是在对方并没有完全信赖你的情况下需要用到的技巧。如果对方非常信赖你，你不必运用这些，把自己的真才实学展示给他就可以了。

其实，对客户自我说服这种情况，你应该有很多类似的经历。比如，你要做某个决定的时候，可能会征求朋友的意见，如果很多朋友表示支持，你就会更有信心。但是，如果有人跟你提相反的意见，你的信心就会不足；如果提反对意见的人比较多，你就会自我怀疑，甚至放弃做这件事情。

我的学员来学习软装时也有同样的情况。当他征求身边朋友的意见时，如果朋友们都说学习软装很有用，那他就会来学习；如果朋友们都说软装没有什么好学的，这个时候，可能有一部分人就会放弃来学习的想法。

当你做一个决定的时候，我建议你不要问跟你同级别或者能力、水平、学识不如你的人，因为这样会影响你的判断，你应该问比你能力强的人，这样才能让你进步。

其实，客户自我说服策略是我们经常使用的策略，你应该多思考、多实践。

11

运用本书方法时的注意事项

一　客户咨询后不再理你的 8 种原因

不管是设计师谈单还是销售人员销售产品的时候，都会遇到客户咨询之后就不再理你的情况，到底是为什么呢？

其实，不外乎以下 8 种原因。

（1）不信任。在交流以后觉得你不够专业、不够真诚、不让人放心，或者你没有全方位利他，一心只想推产品给他。（你犯的错：太过于心急地推荐产品，对方感觉信不过你，怕吃亏。）

（2）了解你的产品或者服务以后觉得不符合他想要的标准，或者感觉价值不大，因此失去购买欲望。（你犯的错：在没有清楚地了解对方，针对他的问题进行分析时就开始推荐产品，一味地说自己的产品多么好，所以顾客觉得这不是他想要的。）

（3）在了解了你的产品或者服务，货比三家后发现你的产品、服务没有别人的好，或者觉得你没有别人专业。（你犯的错：一是没有塑造好价值；二是不懂得给对方植入自己的观念，改变他原本的判断与选择方式。）

（4）顾客不急着购买，只是随便问问了解一下，如果回复你，害怕你会一直缠着向他推销。（你犯的错：一是没有先了解对方的情况，再根据具体情况挖掘他的痛点；二是没有设计好有稀缺感的促销策略。）

（5）他根本不是你的精准客户，而是你的竞争对手。

（6）不认可你的思想观念与对问题的判断方式。（你犯的错：不懂得如何在潜移默化中引导对方。）

（7）消费不起，超出了他可接受的底线。（你犯的错：一、没有先了解对方的消费能力，没有塑造好价值；二、没能利用自己超强的专业知识，改变他的思想观念。）

（8）想购买，也觉得有价值，但暂时没钱。（你犯的错：没有事先了解对方的处境就介绍产品，也没有事先准备应对这种情况的策略。）

那如何判断顾客不理你的原因是哪种呢？**答案是破冰。**

就是从侧面激发欲望，利用这类人群比较渴望知道或者很渴望得到的东西去诱惑对方，让对方主动来找你聊，你就免费送给他或者帮助他，让对方不需要任何付出与行动风险就能获得。当他得到某一个东西以后，就会欠你人情，这样对方就不好意思不理你，你也因此打开了对方的心门。

当客户欠你人情以后，你们的信任关系就在递进了。然后你再根据对方的情况层层引导，让他对你形成认同，这时就有了销售的机会。但这个过程中不能让对方感觉到有任何推销的痕迹，并且这种诱惑必须与你所卖的产品或服务无关，否则对方会因发现你的动机而增强抗拒心理。

另外，需要注意的是，你送给客户的东西必须直指对方的需求痛点或者与他的行业有关，是他渴望的、感兴趣的东西。比如我们想谈成一个装修的客户，可以准备一本书——《这样装修超简单》，书中的内容一定是该客户的痛点，是他渴望了解的。

二 谈单销售必用的见招拆招法

实际的谈单销售过程不可能一帆风顺，你也不可能一下子就掌握主动权，很多客户会提出你意想不到的问题，这时就需要根据实际情况见招拆招。

1. 拆招 4 法

方法一： 拿出一个比较差的案例做参照物。比如，原来某个客户的房子在没有做软装之前是什么样的，你帮他做完软装之后是什么样的，用真实的照片让客户看到两者的差异。即描述你的产品或服务帮客户解决的痛点及所带来效果与感受＋场景现场展示。

方法二： 跟目标客户痛点有关的现象＋场景画面展示＋悬疑。比如，某客户在什么情况下购买了不适合自己家居风格的产品，非常难看，扔掉可惜，不扔掉又看着难受，左右为难。

方法三： 把第一种和第二种方法结合起来运用。

比如，你跟客户讲："经过多年的研究发现，很多客户在做装修的时候都忽略了一个非常重要的问题，真正让你的装修出效果的不是硬装，而是后期的软装。但是，由于客户不专业经常导致实际呈现的效果与设计图有天壤之别。软装上最为关键的就是家具、窗帘、饰品、挂画等的风格、色彩的综合搭配，你想看看专业搭配做出来的效果吗？"

这个时候，你把做软装与不做软装的结果给客户看，相信他为了不让自己有遗憾，一定会继续问你应该如何做，这时你的目的就达到了。

方法四： 跟目标客户有关的危害行为 + 避免方法 + 悬疑。

比如，你跟客户说："你在购买家居产品的时候，如果不以某某标准去判断、选择，将很容易导致某某问题。"

这种方法的目的与作用： 吸引对方的注意力，让客户有兴趣听你继续讲，产生求知欲望。这个内容可以结合欲望布局里面谈单成交的 23条底层逻辑去设计，目的是分析出目标客户的心理。

2. 拆招步骤

步骤一： 先了解对方，再让对方意识到自己的欠缺，然后用你事先整理好的理论体系，让他产生新的认知，同时让对方觉得你说的都是符合逻辑的事实（事先必须设计好几套不同的理论体系以应付不同观念的客户）。

步骤二： 再利用与其同频的故事把他带入情境（可以根据已有的真实案例设计你的故事）。

步骤三： 环境影响（根据前面介绍的方法设计好你的道具，比如荣誉墙、客户见证区、体验馆等）。

步骤四： 切身感受（同样需要提前设计好你的道具，比如产品的质量体验、空间场景体验等）。

步骤五： 通过数据证明，让顾客意识到没有使用你的产品或者服务已经损失了多少，再持续下去还会损失多少。

讲故事的目的与作用： 挖掘痛点，激活梦想，改变思想观念，获取对方信任。

 **7 步信息传递谈单流程**

谈单时我们传递给客户的信息需要有与其配合的流程，两者相辅相成才能达到效果。

第一种信息传递形式：主动出击找客户。

第一步：吸引。根据第二节的公式结合你的行业去提前准备可以吸引住客户的讲话方式。

第二步：了解对方。根据前面讲到的需要了解顾客的 18 个问题，在与目标客户接触前，尽量把对方情况调查清楚，事先不能调查到的就当面向顾客了解。

第三步：描述顾客现状。描述客户问题状态与心理状态，让对方感觉处境、情况与他同频。

第四步：灌输观念。把你的观念用恰当的、客户感兴趣的话语灌输给客户，形成他们的潜意识。

第五步：给出建议。推荐产品或者服务的形式 + 塑造价值，解决客户痛点。

第六步：消除客户的抗拒心理，或设门槛审核对方，让对方求你。其实前面五步做到位的话，客户几乎是不存在抗拒的，这一步可以省略。

第七步：临门一脚。羊群效应＋制造稀缺感与紧迫感＋超预期赠品。

第二种信息传递形式：客户主动找上门。

第一步：了解对方。根据前面讲到的需要了解顾客的 18 个问题，在与目标客户接触前，尽量把对方情况调查清楚，如果事先不能调查到的就当面向顾客了解。

第二步：描述客户现状。描述对方问题状态与心理状态，让对方感觉他的处境、情况与你同频。

第三步：吸引。设计符合自己行业的语言，不要让客户一听就想走。

第四步：灌输观念。把自己的想法传达给客户，并得到其认同。

第五步：给出建议。推荐产品＋塑造价值，进一步吸引客户。

第六步：消除客户的抗拒心理，或设门槛审核对方，让对方求你。其实前面五步做到位的话，客户几乎是不存在抗拒的，这一步可以省略。

第七步：临门一脚。羊群效应＋制造稀缺感、紧迫感＋赠品。

四 谈单流程中的 4 个注意事项

上节介绍了谈单的 7 步流程，但是在实际执行过程中，还有 4 个需要注意的事项。

注意事项一： 前面所讲的流程步骤不是固定不变的，而是根据客户回应的话题随机应变去展开交谈，最后回到这个流程中来逐步引导。

注意事项二： 在交谈过程中你必须要明确向对方传递的信息内容和谈话目标，并围绕你的谈话目标展开话题，不可偏离话题，否则一切谈话将毫无效果。

注意事项三： 在交谈过程中必须根据对方的语言、行为和表情，判断谈话离你的目标是越来越近还是越来越远。

注意事项四： 在介绍产品或者服务这一步不能急着推荐，要看对方的反应判断其是否认可你，是否已经有强烈的购买欲或者成交欲。

要先问客户是否确定要使用新产品或者新的服务方式，因为任何人都喜欢自己做决策，不喜欢被强迫。心急只会功亏一篑，最终导致无法成交。

我经常在讲课的时候说，所有的成交都不是你替客户做决定，而是要学会与客户一起分享自己的情况，引导客户，然后让客户自己做出一个对他有利的决定。

例如：我在前面的章节中分享过，如果你想要做装修，装修行业有3个装修的标准。

第一个标准：家居建材需要节能环保。健康才是最重要的，不能为了省钱，忽视了自己及家人的健康。

第二个标准：施工工艺很重要。家居空间中，装修施工工艺对功能空间的作用尤为重要，比如水电工艺、木工工艺、瓦工工艺等。

第三个标准：理想的装修效果来自软硬装的结合。传统装修公司只做房子的硬装部分，虽然效果图很漂亮，但是装修出来的效果并不理想。所以，需要跟软装配合，才能实现理想的装修效果。

只要能达到以上3个标准，多花一分钱都属于浪费；如果没有满足以上3个标准，花再少的钱，也是对自己不负责任。

这个时候，你只需要通过图片展示出各种标准的优缺点，客户自己就会做决定了。

五 突破谈单成交瓶颈的 4 个必备条件

前面的这些内容都是在教你心理学的底层逻辑，不是具体的表达方式。我在多年的实践运用中发现，市场在不断变化，只有掌握底层逻辑思维，才能在复杂的变化中找到应对的方法。

在运用这套谈单布局系统时，要想突破谈单销售瓶颈，还需要具备如下 4 个条件。

1. 客户有选择你的充分理由(也就是你的独特卖点)

比如，在我分享的 3 个装修标准当中，第三个标准就可以变成你独特的卖点。因为在这个阶段，很多装修公司和设计师都只会硬装设计。而此时，你给客户植入了一个竞争对手没有的卖点，也是客户的痛点——效果图与装修出来的效果截然不同，通过图片展示给客户看，让客户感受你的价值。

2. 你有改变公司营销策略与推广素材的决定权

其实你可以按照所在行业调整属于自己的营销成交流程，通过自己独特的能力与客户成交。在我的另一本书《重构软装行业盈利新模式》里面，我会分享如何设计属于自己的成交主张和策略。

3. 明确产品定位或者客户定位（需要根据客户的痛点进行设计）

每一个产品或者设计都可以定向挖掘客户的痛点。其实，客户的痛点很多，每一个痛点都为成交增加了可能性。如果你要尽可能多地与客户成交，请多挖掘你产品的特点或者客户的痛点。

以家装设计师为例，你可以挖掘的客户痛点很多。如婚房设计的痛点、老人居住空间的痛点、儿童居住空间的痛点、装修效果的痛点等，这些都是你可以挖掘的方向。然后根据痛点，提出有价值的解决方案，让客户认可，并且主动找你签单。

如果你是做产品销售的，也可以根据产品的特性，找出适合客户人群的卖点，然后设计适合这个人群需求的方案。

4. 必须用心去结合实际工作思考、设计与测试（如果你没有在工作中实际运用，就不太容易深刻领悟）

学习的最高境界不是看了、感觉懂了就可以。不信你现在试想一下，这本书肯定有很多有价值的东西，你也有很多感悟，但是到目前为止，你还记得多少呢？

显然已经记不清楚了。虽然你在实际工作中运用的时候，就会提取书里有用的东西，但是，这是不够的。我建议你每看完一节，就写出在工作中如何运用的方法，这样的话，才能达到更好的效果。

六 谈单成交的 5 个重点提示

运用这套谈单系统时，还有以下 5 个重点需要注意。

（1）任何成交失败都是因为前文介绍的成交 4 大必备条件不足，条件充足的话，90% 以上的客户都能成交。

（2）你的任何行为、道具、谈判语言、画面、场景氛围、流程，必须围绕了解对方、建立信任关系、激发欲望、改变对方的思想观念去展开并执行，如果你的动作偏离了这些，则没有任何意义。

（3）执行动作的流程顺序不同，让客户产生的感觉也会不同。所以你必须严格思考，做哪个动作可能让对方产生哪些心理状态，以及负面心理会有哪些，应该先做哪一步，才能为下一步做好铺垫。

（4）要提前背熟你所设计的内容需再进行测试，争取面对不同客户时都能应对。或者让你的员工去背熟，进行演练，考试过关的再上岗。

（5）谈单销售过程中的 8 个禁忌。

① 忌无礼质问，让客户反感。

② 忌命令指示的口气，让客户觉得你太高傲。

③ 忌与客户争论对错或者好坏。每个人的认知和经

验不同，你要拿数据和证明去说。

④ 忌说话直白，让客户感到难堪。

⑤ 忌当面批评客户。彼此留点情面，买卖不成依旧可以成为朋友，你人品好，别人才愿意帮你转介绍。

⑥ 忌滔滔不绝，让客户没有说话的机会。

谈单过程中要把控好交流的节奏，把 80% 的语言放在提问了解客户的 18 个问题上（前面讲到过 18 个问题，但不要问对方难以回答的问题）。问完后请尽量少说话而让客户多说，你耐心倾听并回答顾客的疑问就好，这样才能让客户透露更多信息，同时也会觉得你尊重他。

⑦ 忌反复询问。

走完你设计的这套流程后，客户已经决定购买了，所以不要再去问他还需要了解什么或者问他打不打算购买等类似的问题，而是直接成交就好。话题说得越多，客户的注意力就越会被转移，导致客户行动欲望下降，甚至重新思考购买决策，从而又出现了新的行动阻力。

⑧ 忌话题跑偏。

销售流程的谈话都是以成交为目的，必须围绕这套流程里面的每一个步骤去展开你的谈话，不要去聊与你的销售流程无关的话题，待成交以后随便怎么聊都可以。

特别提示：有些顾客很健谈，这时你就要时刻保持警惕，别被他的话带偏。如果偏题了，你就要学会巧妙地转换话题，使谈话重点重新回到你的目标上来。

各位朋友已经学习完毕，相信你在谈单的思路上会受到一些启发，后面需要你去做的就是落实，只有在实践中不断应用才能提升谈单水平，提高签单率。

特别提醒：这里为你准备了一封邀请函，你可以免费加入软装谈单研习群。在运用理论的过程中，你如果遇到了什么问题，可随时在群内咨询，我都会为你解答。

扫描二维码，关注微信公众号

请回复**"邀请函"**三个字，获取**"软装谈单研习群"**入群资格和本书的**视频教程**。

特别致谢 | （排名不分先后）

　　本书介绍的方法已经上千名设计师学习运用，均有不同程度的效果，他们对本书的出版工作给予了大力支持，在此一并致谢。

蔡倩蓓

　　全国率先采用线上、线下结合的 OTO 模式进行灯饰、软装产品销售和服务的践行者之一。设计理念：用专业帮助别人就是帮助自己。

狄守运

　　软装设计师。设计理念：拒绝平庸，拒绝雷同，不拘小节，没有束缚，让自由不受限制。我们不仅是设计空间，更是在设计一种生活。

何新华

　　家居设计师。设计理念：追求柔和、个性的搭配，创造完美的风格。因为家一定要是一个温暖的港湾，一个可以让心灵得到安顿的地方。

林伟

　　软装设计师。设计理念：生活追求的是简单，我们不能故步自封，用某一种风格来束缚我们的生活，因为每种风格都有自己独特的文化渊源。

罗晓斓

　　国际建筑装饰室内设计协会（ICDA）高级陈设艺术设计师；中国管理科学院高级全案设计师。设计理念：我设计的是您的家，更是您未来的生活方式。

商成霞

　　投身建材行业 20 余年，擅长室内装修取材、选材、用材。设计理念：关心，源于专业；细节，源于生活；真诚，源于用心。

软装谈单宝典

王娟

高端软装设计师。十多年的从业经历，积累了丰富的专业知识，擅长颜色搭配、风格融合，专注"一户一设计"和私人订制。

赵莉

注册陈设艺术设计师、注册高级室内设计师。设计理念：设计来源于生活，生活反映了设计的重要性。

郑成芬

注册高级软装设计师、注册高级花艺设计师、注册高级家具设计师、注册高级室内设计师、全国专卖店软装设计总监。

訾学茹

新时代软装设计师，擅长后期软装搭配力争在功能、舒适和美之间取得平衡。设计理念：原创设计为先，优质服务至上。

陈晓霞

注册高级软装设计师、注册中级室内设计师、国际设计师沙龙会员。设计理念：设计生活方式，努力去创造一种更好的生活状态。

吕世慧

注册高级软装设计师、国际设计师沙龙会员。设计理念：艺术是生活的升华，设计是艺术的呈现，以人为本，专注大宅全案设计。

王皓申

高级软装设计师、苏州开开木门设计总监、整体软装倡导者。设计理念：没有最好的方案，只有适合自己的选择。

向莹

国内家纺软装搭配教育、技术践行者，家居生活场景设计推广者和实践者，空间展示设计师。坚持成就学员，助力业绩突破。

朱小佳

注册高级软装设计师、注册中级室内设计师、国际设计师沙龙会员。设计理念：领悟生活，感受世界，让空间和设计艺术完美结合。